INGLÉS
en 10 minutos al día®

por Kristine Kershul

Consultants: **Mónica Arce**   **Carlos Marcelín**
                 Suzanne Lowry

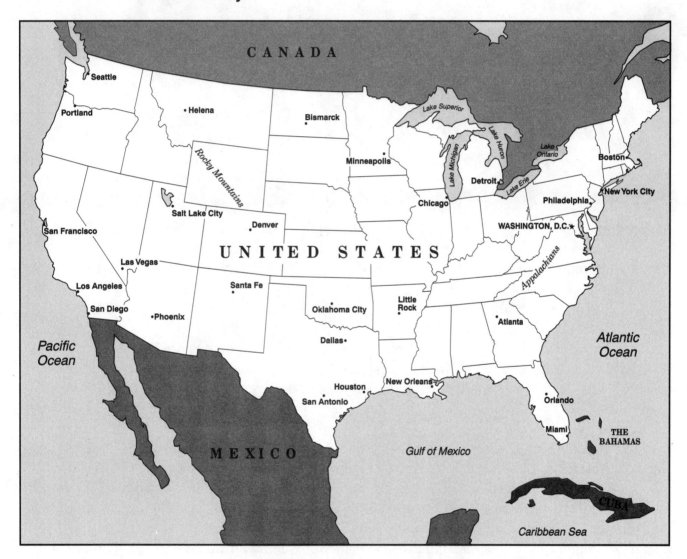

Bilingual Books, Inc.
1719 West Nickerson Street, Seattle, WA 98119
Tel: (206) 284-4211 Fax: (206) 284-3660
www.10minutesaday.com • www.bbks.com

ISBN-13: 978-1-931873-05-5   First printing, April 2007

¿Puede usted decir esto?

(uat) *(Iz)* *(deat)*
What is that?
qué   es   eso

(deat) *(Iz)* *(ei)* *(seal-eD)*
That is a salad.
eso   es   una   ensalada

(ai) *(wuD)* *(laik)* *(deat)*
I would like that.
yo   quisiera   eso

Si usted puede decir esto, usted puede aprender inglés. Usted podrá fácilmente ordenar cerveza americana o inglesa, bocadillos, almuerzo o cualquier otra cosa que usted desee. Usted simplemente pregunte, **"What is that?"** *(uat)(Iz)(deat)* y después de que usted aprenda qué es eso, usted puede ordernarlo con **"I would like that"** *(ai)(wuD)(laik)(deat)*. Suena fácil ¿no es cierto?

El propósito de este libro es darle la facilidad **inmediata** de hablar en inglés. No hay frases que tiene que memorizar, y no contiene explicaciones gramaticales. En lugar de esto, hay palabras prácticas que usted necesitará saber para poder hacer preguntas y obtener respuestas.

Si usted está planeando un viaje o va a vivir en un lugar donde se habla inglés (Gran Bretaña, Canadá, Australia, Los Estados Unidos de América, y muchos otros países), usted estará muy adelantado si toma sólo unos pocos minutos al día para aprender las palabras claves que ofrece este libro. Comience con el primer capítulo y no se salte ninguno. Cada día estudie lo más que usted cómodamente pueda en esos diez minutos. No lo haga en exceso. Algunos días usted querrá pasar los diez minutos revisando lo que ha aprendido. Si se olvida de una palabra, puede usted buscarla en el glosario. En sus diez primeros minutos estudie el mapa en la página previa. Y sí, diviértase aprendiendo su nuevo idioma.

A medida que avance a través de los capítulos, use siempre las características especiales que sólo esta serie le ofrece. Tiene adhesivos y tarjetas de estudio, palabras gratis, crucigramas y exámenes. Cuando haya completado el libro, corte la guía de menú y llévela consigo en su viaje.

The Alphabet
(di)   *(eal-fa-bet)*
el   alfabeto

Encima de todas las palabras nuevas hay una guía de pronunciación fácil. Repase esta guía cada vez que necesite ayuda, pero recuerde, no lo haga por más de 10 minutos al día.

Muchas letras en inglés suenan igual que en español, pero otras se pronuncian diferente. En inglés, cada vocal puede ser pronunciada de diferentes maneras. Trate de pronunciar las vocales correctamente, estudie la pronunciación que se encuentra arriba de cada palabra en el libro.

Para aprender los sonidos en inglés de las siguientes letras, escriba cada ejemplo en el espacio provisto.

Letra en inglés	Sonido en español	Ejemplos (geográficos)	Ejemplos (nombres)
(varias) **a**	a	*(bal-tI-mor)* Baltimore _____	*(art)* Art _____
	ea	*(eat-lean-ta)* Atlanta _____	*(ean-a)* Anna _____
	ei	*(salt) (leik) (sI-ti)* Salt Lake City _____	*(teit)* Tate _____
	e	*(eap-pe-lei-chenz)* Appalachians _____ Montes Apalaches	*(mer-i)* Mary _____
b	b	*(bas-tan)* Boston _____	*(barb)* Barb _____
(varias) **c**	k	*(kean-a-Da)* Canada _____	*(kea-di)* Cathy _____
	s/sh	*(pa-sI-fIk)(o-shen)* Pacific Ocean _____	*(sIn-Di)* Cindy _____
ch	ch/sh	*(shI-ka-go)* Chicago _____	*(charls)* Charles _____
d	*(como en día)* D	*(Den-ver)* Denver _____	*(Dean)* Dan _____
(varias) **e**	e	*(Del-a-uer)* Delaware _____	*(em-a)* Emma _____
	i	*(kliv-leanD)* Cleveland _____	*(iv)* Eve _____
ew	u	*(nu) (mek-sI-ko)* New Mexico _____	*(ean-Dru)* Andrew _____
f	f	*(flor-I-Da)* Florida _____	*(freD)* Fred _____
g	*(como en grande)* g	*(greanD) (rea-pIDs)* Grand Rapids _____	*(greg)* Greg _____
h	*(como en jabón)* j	*(nu) (jeamp-shIr)* New Hampshire _____	*(jer-I)* Harry _____
(varias) **i**	*(sonido muy corto)* I	*(bIz-mark)* Bismark _____	*(kIm)* Kim _____
	i	*(In-Di-ean-a)* Indiana _____	*(ri-ta)* Rita _____
	ai	*(mai-ea-mi)* Miami _____	*(maik)* Mike _____

Letra	Sonido	Ejemplos - geográficos	Ejemplos - nombres
j	*(como en jeep)* J	*(nu) (Jer-zi)* New Jersey _____	*(Jen-I-fer)* Jennifer _____
k	k	*(ki) (uest)* Key West _____	*(ker-In)* Karen _____
l	l	*(lIt-ol) (rak)* Little Rock _____	*(lIn-Da)* Linda _____
m	m	*(man-tean-a)* Montana _____	*(mark)* Mark _____
n	n	*(nord) (ker-o-lai-na)* North Carolina _____	*(nean-si)* Nancy _____
(varias) o	o	*(o-hai-o)* Ohio _____	*(jo-sef)* Joseph _____
	a	*(ka-la-rea-Do)* Colorado _____	*(ra-bert)* Robert _____
p	p	*(port-leanD)* Portland _____	*(peam)* Pam _____
q	ku	*(kuIn-si)* Quincy _____	*(kuin) (I-lI-za-bed)* Queen Elizabeth _____
r	*(no se entona mucho)* r	*(ri-no)* Reno _____	*(ran)* Ron _____
s	s/z	*(si-eat-ol) (kean-zIs)* Seattle, Kansas _____	*(seam)* Sam _____
sh	*(cuando se le pide silencio a alguien)* shhh!!!	*(neash-vIl)* Nashville _____	*(shi-la)* Sheila _____
t	t	*(to-ran-to)* Toronto _____	*(tam)* Tom _____
th	*(como en cada)* d	*(da-lud)* Duluth _____	*(rud)* Ruth _____
(varias) u	yu/iu	*(yu-tah)* Utah _____	*(Jiu-di)* Judy _____
	a	*(ken-tak-i)* Kentucky _____	*(ra-sel)* Russell _____
v	v*	*(ver-mant)* Vermont _____	*(vIn-sent)* Vincent _____
w	w/u	*(wash-Ing-tan)* Washington _____	*(uil-llem)* William _____
x	ks	*(tek-ses)* Texas _____	*(reks)* Rex _____
y	y	*(nu) (york)* New York _____	*(yo-lan-Da)* Yolanda _____
z	*(como la "s" en mismo)* z	*(er-I-zo-na)* Arizona _____	*(zak-a-ri)* Zachary _____

* Notas: por la letra "v" diga la letra "b" son su labio inferior y sus dientes superiores juntos.

A estas alturas ya debería tener una buena idea de los sonidos en inglés. Recuerde que muchas letras pueden cambiar su pronunciación. ¡No se preocupe! No le dedique mucho tiempo ya que aprenderá estas variaciones a medida que progrese a través del libro.

En algunas ocasiones la fonética parece contradecir la guía de pronunciación. ¡No tenga pánico! Se han escogido la mejores y más fáciles formas fonéticas para cada palabra. Pronuncie la fonética tal como la vea. No las analice demasiado. Hable con acento estadounidense y sobre todo ¡pásalo bien!

Cuando llegue a los **United** *(yu-nai-tID)* **States,** *(steits)* **England** *(Ing-lenD)* o **Australia,** *(a-streil-lla)* lo primero que usted hará es
Estados Unidos   Inglaterra   Australia

hacer preguntas — "¿Dónde está la estación de tren?" "¿Dónde puedo cambiar dinero?" "¿Dónde

(**where**) *(uer)* están los servicios?" " **Where** *(uer)* está el restaurante?" "**Where** *(uer)* hay un buen hotel?"
dónde

"**Where** está mi equipaje?" — y la lista seguirá y seguirá durante toda su visita. En inglés, hay

OCHO PREGUNTAS CLAVES que tiene que aprender. Estas ocho preguntas claves le ayudarán a

saber exactamente qué es lo que usted está pidiendo en un restaurante antes de pedir — y no después,

así no se llevará la sorpresa de su vida. Observe que cinco de las preguntas interrogativas empiezan

con "wh." Dedique algunos minutos para estudiar y decir las ocho preguntas básicas enumeradas

abajo. Después cubra las palabras en inglés con su mano y complete las líneas en blanco con las

words *(uorDz)* correspondientes en inglés.
palabras

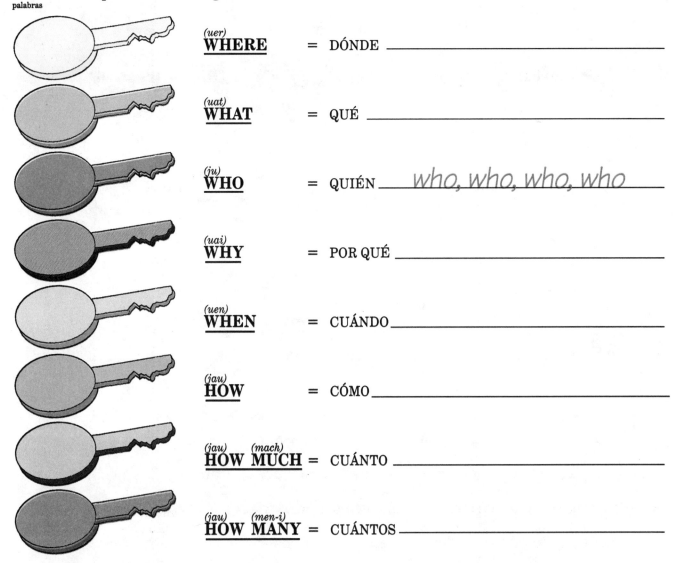

WHERE *(uer)* = DÓNDE _____

WHAT *(uat)* = QUÉ _____

WHO *(ju)* = QUIÉN *who, who, who, who* _____

WHY *(uai)* = POR QUÉ _____

WHEN *(uen)* = CUÁNDO _____

HOW *(jau)* = CÓMO _____

HOW MUCH *(jau) (mach)* = CUÁNTO _____

HOW MANY *(jau) (men-i)* = CUÁNTOS _____

5

Ahora interróguese usted mismo y vea si puede acordarse de estas **words**. *(uorDz)* Trace líneas entre las palabras correspondientes en inglés **and** *(eanD)* / y en español.

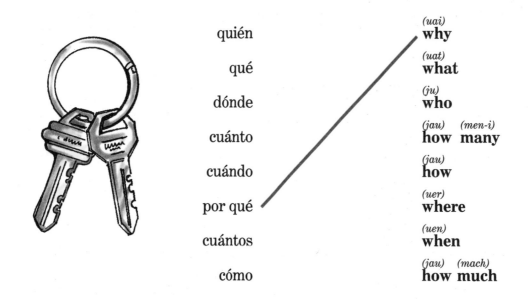

quién

qué

dónde

cuánto

cuándo

por qué

cuántos

cómo

why *(uai)*

what *(uat)*

who *(ju)*

how *(jau)* **many** *(men-i)*

how *(jau)*

where *(uer)*

when *(uen)*

how *(jau)* **much** *(mach)*

Mire las preguntas siguientes que contienen estas **words**. *(uorDz)* Practique las oraciones en voz alta y después vea cuánto ha aprendido completando las líneas en blanco abajo.

What *(uat)* **is** *(Iz)* **that?** *(deat)*
¿Qué   es   ése?

_____

How *(jau)* **is** *(Iz)* **the** *(di)* **salad?** *(seal-eD)*
¿Cómo   está   la   ensalada?

_____

Who *(ju)* **is** *(Iz)* **that?** *(deat)*
¿Quién   es   ése?

_____

When *(uen)* **is** *(Iz)* **it?** *(It)*
¿Cuándo es?

How *(jau)* **much** *(mach)* **does** *(Daz)* **that** *(deat)* **cost?** *(kast)*
¿Cuánto cuesta eso?

_____

How *(jau)* **are** *(ar)* **you?** *(yu)*
¿Cómo   está   usted?

_____

"Where" *(uer)* será la **word** *(uorD)* / palabra que usará más frecuentemente. **Say** *(sei)* / diga cada una de las oraciones siguientes en inglés en voz alta. Después escriba cada oración sin mirar el **example**. *(Ig-zeam-pol)* / ejemplo Si no puede hacerlo la primera vez, no se dé por vencido. Simplemente practique cada oración hasta que pueda escribirla fácilmente. No se olvide que en inglés la letra **"j"** es pronunciada como la letra "j" en **"jeep."** *(Jip)*

(uer)   *(ar)*   *(di)*   *(rest-rumz)*
Where are the restrooms?
los   servicios

(uer)   *(Iz)*   *(teak-si)*
Where is a taxi?

(uer)   *(Iz)*   *(bas)*
Where is a bus?
autobús

Where is a bus?

_____   _____

(uer)   *(res-ta-rant)*
Where is a restaurant?
restaurante

(beank)
Where is a bank?
banco

(jo-tel)
Where is a hotel?

_____   _____   _____

(yes)   *(uorDz)*   *(Ing-lIsh)*   *(Iz)*
Yes, muchas de las **words** que se parecen al español son también **English.** Su estudio **is** más
sí   inglés

(spean-Ish)   *(Ing-lIsh)*
fácil por lo que hay muchas palabras en común entre el **Spanish** y el **English.** Le asombrará el
español   ingles

(uorDz)   *(ai-Den-ti-kol)*
número de **words** que son **identical** (o casi **identical**). Por supuesto, ellas no suenan siempre
idénticas

igual cuando son pronunciadas por un norteamericano, pero la semejanza seguramente le

sorprenderá. Abajo hay cinco **words** enumeradas que empiezan con "a" para ayudarle a empezar.

(eanD)   *(Ing-lIsh)*
Trate de decir cada **word** en voz alta **and** luego escriba la **word** en **English** en la línea en blanco
y

a la derecha.

☐	**accident** *(eak-se-Dent)*	el accidente	_____
☑	**active** *(eak-tIv)*	activo	_____
☐	**agriculture** *(eag-rI-kol-chur)*	la agricultura	**a** _____
☐	**algebra** *(eal-Je-bra)*	el álgebra	_____
☐	**ambulance** *(eam-biu-lens)*	la ambulancia	_____

(uorDz)
Words fáciles como éstas aquí arriba aparecerán al pie de las páginas siguientes en una franja

amarilla. Son fáciles — ¡disfrútelas!

(Ing-lIsh)   *(uorD)*   *(eanD)*   *(di)*

En **English** hay solamente una **word** para "el," "la," "los" **and** "las:" <u>**the**</u>
                                      y

(di) (boi)
the boy_____
el   muchacho

(di) (boiz)
the boys_____
los   muchachos

(gerl)
the girl_____
la   muchacha

(gerlz)
the girls_____
los   muchachas

(frenD)
the friend_____
el   amigo

(frenDz)
the friends_____
los   amigos

(ei) (ean)
Estas palabras significan "un" o "una:" <u>**a,**</u>   <u>**an**</u>

(sam)
Esta palabra significa "unos" o "unas:" <u>**some**</u>

(ean) (a-mer-a-ken)
an American_____
un   americano

(sam) (a-mer-a-kenz)
some Americans_____
unos   americanos

(ei) (wum-an)
a woman_____
una   mujer

(wIm-en)
some women_____
unas   mujeres

(mean)
a man__*a man, a man*_____
un   hombre

(men)
some men_____
unos   hombres

(lem-en)
a lemon_____
un   limón

(lem-enz)
some lemons_____
unos   limones

(Ing-lIsh)

En **English** no hay muchas **words** para "el," "la," "los," "las," "un," "una," "unos" y "unas" por lo

cual es más fácil. Simplemente recuerde <u>**the,**</u> *(di)* <u>**a,**</u> *(ei)* <u>**an**</u> *(ean)* y <u>**some.**</u> *(sam)*

En el segundo capítulo le presentamos las Preguntas Claves. Estas ocho palabras son la base, más escencial para aprender inglés. A través de este libro se encontrará con ejercicios donde debe completar con la pregunta apropiada. Utilice cada oportunidad, no sólo para completar el ejercicio, sino que también para repasar todas las preguntas claves. Juegue con los nuevos sonidos, dígalos lentamente ¡y diviértase!

❐ **America** *(a-mer-a-ka)*	la América	_____
❐ **animal** *(ean-a-mal)*	el animal	_____
❐ **appetite** *(eap-a-tait)*	el apetito	**a** _____
❐ **application** *(eap-lI-kei-shen)*	la aplicación	_____
❐ **April** *(ei-prIl)*	abril	_____

Antes de seguir adelante *(uid)* **with** este capítulo, siéntese cómodamente en su sala. Ahora mire
con

alrededor de sí mismo. ¿Puede nombrar las cosas que ve en el *(rum)* **room** *(In)* **in** *(Eng-lIsh)* **English?** Puede
cuarto   en

adivinar *(so-fa)* **sofa.** Pero aprendamos el resto de *(di)* **the words.** Después de practicar estas **words** en

voz alta, escríbalas en las líneas en blanco abajo.

(leamp)
the lamp _____
la   lámpara

(so-fa)
the sofa _____
el   sofá

(cher)
the chair _____
la   silla

(kar-pet)
the carpet _____
la   alfombra

(tei-bol)
the table _____
la   mesa

(Dor)
the door *the door, the door* _____
la   puerta

(klak)
the clock _____
el   reloj

(kur-tIn)
the curtain _____
la   cortina

(tel-e-fon)
the telephone _____
el   teléfono

(di)   *(uIn-Do)*
the window
la   ventana

(di)   *(pIk-chur)*
the picture
el   cuadro

Ahora abra su libro a la página 17 y la página 35 *(uid)* **with** los adhesivos. Saque los primeros 14 *(eanD)* **and**
con

pongalos en los objetos alrededor del *(rum)* **room.** Esto le ayudará a recordar estas *(uorDz)* **words** fácilmente.
cuarto

No se olvide de decir *(di)* **the word** al pegar el adhesivo en el objeto correspondiente.
la

Ahora pregúntese, *(uer)* *(di)* *(pIk-chur)* **"Where is the picture?"** **and** señale cuando responda, *(der)* **"There is the picture."**
el   cuadro   allí

Continúe con la *(lIst)* **list** hasta que se sienta cómodo con estas **words** nuevas. Cuando pueda
lista

identificar todos los objetos en **the** *(lIst)* **list** estará listo para seguir adelante.
lista

☐	**arch** *(arch)*	el arco	_____
☐	**artist** *(ar-tIst)*	el artista	_____
☐	**attention** *(a-ten-shen)*	la atención	**a** _____
☐	**August** *(a-gest)*	agosto	_____
☐	**automobile** *(a-to-mo-bil)*	el automóvil	_____

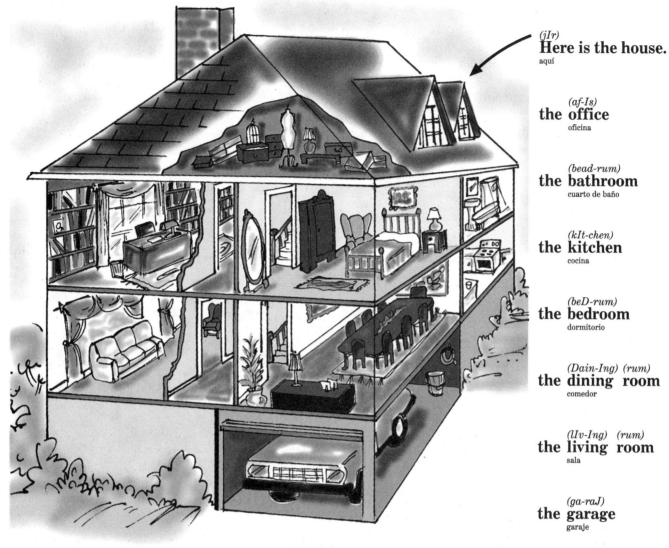

(di) *(jaus)*
the house
la   casa

(jIr)
Here is the house.
aquí

(af-Is)
the office
oficina

(bead-rum)
the bathroom
cuarto de baño

(kIt-chen)
the kitchen
cocina

(beD-rum)
the bedroom
dormitorio

(Dain-Ing) (rum)
the dining room
comedor

(lIv-Ing) (rum)
the living room
sala

(ga-raJ)
the garage
garaje

(beis-ment)
the basement
sótano

Mientras aprendemos estas **words** nuevas, tratemos de no olvidar:

(a-to-mo-bil) *(kar)*
the automobile/ car
automóvil   carro/coche

(mo-tor-sai-kol)
the motorcycle

(bai-sa-kol)
the bicycle
bicicleta

☐	**balcony** *(beal-ka-ni)*	el balcón	
☐	**bank** *(beank)*	el banco	
☐	**beefsteak** *(bif-steik)*	el bistec	**b**
☐	**bland** *(bleanD)*	blando	
☐	**bottle** *(ba-tol)*	la botella	

(keat)
the cat
gato

(gar-Den)
the garden
jardín

(flau-erz)
the flowers
flores

_____

(Dag)
the dog
perro

(meil-baks)
the mailbox
buzón

(meil)
the mail
correo

_____

Saque el **group** *(grup)* siguiente de adhesivos **and** camine alrededor de su **house** *(jaus)* aprendiendo estas
grupo   casa
words nuevas. Será difícil pegar el adhesivo a su **dog,** *(Dag)* **cat** *(keat)* **or** *(or)* **flowers,** *(flau-erz)* pero use su **imagination.** *(I-meaJ-a-nei-shen)*
                                                                                                                                                imaginación

Practique preguntándose, **"Where is the car?"** *(uer) (kar)* y conteste, **"There is the car."** *(der) (kar)*
                                    el   automóvil

"Where is the house?"

☐	**calendar** *(keal-en-Der)*	el calendario	
☐	**calm** *(kalm)*	la calma	
☐	**candle** *(kean-Dol)*	la vela	**c**
☐	**capital** *(keap-e-tol)*....................	la capital	
☐	**cent** *(sent)*	el centavo	

(uan) *(tu)* *(dri)*
One, Two, Three
uno   dos   tres

Los números no son muy difíciles de aprender, y recuerde lo importante que son en una

(kan-ver-sei-shen)
conversation diaria. ¿Cómo podría decir su número de teléfono, su dirección o el número del
conversación

cuarto de su hotel, si no hubiese números? Y piense lo difícil que sería no poder entender la

(bas)   *(nam-berz)*
hora, el precio de una manzana o el **bus** correcto para tomar. Cuando practique los **numbers,**
        autobús   números

(not)   *(sIm-a-ler-a-tiz)*   *(sIks)* *(sIks-tin)*   *(se-ven)*   *(se-ven-tin)*
note the similarities entre **six** y **sixteen, seven** y **seventeen and** los demás.
observe   similitudes   seis   dieciséis   siete

0	*(zIr-o)* **zero**		**10**	*(ten)* **ten**	
1	*(uan)* **one**		**11**	*(I-lev-en)* **eleven**	
2	*(tu)* **two**		**12**	*(twelv)* **twelve**	
3	*(dri)* **three**		**13**	*(dur-tin)* **thirteen**	
4	*(for)* **four**		**14**	*(for-tin)* **fourteen**	
5	*(faiv)* **five**		**15**	*(fIf-tin)* **fifteen**	
6	*(sIks)* **six**	*six, six, six, six*	**16**	*(sIks-tin)* **sixteen**	
7	*(se-ven)* **seven**		**17**	*(se-ven-tin)* **seventeen**	
8	*(eit)* **eight**		**18**	*(ei-tin)* **eighteen**	
9	*(nain)* **nine**		**19**	*(nain-tin)* **nineteen**	
10	*(ten)* **ten**		**20**	*(twen-ti)* **twenty**	

☐ **center** *(sen-ter)*	. . . .	el centro	
☐ **check** *(chek)*	. . . .	el cheque	
☐ **chocolate** *(chak-let)*	. . . .	el chocolate	**c**
☐ **circle** *(ser-kol)*	. . . .	el círculo	
☐ **civil** *(sIv-ol)*	. . . .	civil	

(yuz) *(nam-berz)*
Use estos **numbers** diariamente. Cuente **in English** cuando se lave los dientes, haga ejercicios
use
(or)
or vaya al trabajo. Complete las líneas en blanco siguientes de acuerdo con los **numbers** entre
o *(nam-berz)*

paréntesis. Este es un buen momento para aprender estas dos frases importantes.

(ai) *(wuD)* *(laik)*
I would like _____
yo quisiera

(ui) *(wuD)* *(laik)*
we would like _____
nosotros quisiéramos

(ai)(wuD) (laik)
I would like ____ (15) | *(pi-sez) (av) (pei-per)* **pieces of paper.** hojas de papel | *(jau) (men-i)* **How many?** ____ (15)

(post-karDz)
I would like ____ (10) | **postcards.** tarjetas postales | *(jau) (men-i)* **How many?** ____ (10)

(ai)(wuD) (laik)
I would like ____ (8) | *(geal-enz) (av) (geas)* **gallons of gas.** galones de gasolina | **How many?** ____ (8)

I would like ____ (1) | *(gleas) (av) (or-enJ) (Jus)* **glass of orange juice.** vaso de jugo de naranja | **How many?** ____ (1)

(ui) (wuD) (laik)
We would like ____ (3) quisiéramos | *(kaps) (av) (ti)* **cups of tea.** tazas de té | *(jau) (men-i)* **How many?** ____ (3)

(ai) (wuD) (laik)
I would like ____ (11) | *(steamps)* **stamps.** timbres/sellos | **How many?** ____ (11)

(ui) (wuD) (laik)
We would like ____ (4) | *(mu-vi) (tIk-ets)* **movie tickets.** cine boletos | *(jau) (men-i)* **How many?** ____ (4)

We would like ____ (2) | *(glea-sez) (av) (bIr)* **glasses of beer.** vasos de cerveza | **How many?** ____ (2)

(ai) (wuD) (laik)
I would like ____ (12) yo | *(fresh) (egz)* **fresh eggs.** frescos huevos | **How many?** ____ (12)

(ui)
We would like ____ (5) | *(glea-sez) (av) (ua-ter)* **glasses of water.** vasos de agua | **How many?** ____ (5)

(ai)
I would like ____ (7) | *(glea-sez) (av) (uain)* **glasses of wine.** vasos de vino | ____ (cuántas) ____ (4)

❏ **class** *(kleas)* . . . . la clase | _____
❏ **column** *(kal-em)* . . . . la columna | _____
❏ **comical** *(ka-ma-kol)* . . . . cómico | **c** _____
❏ **company** *(kam-pa-ni)* . . . . la compañía | _____
❏ **compartment** *(kam-part-ment)* . . . . el compartimiento | _____

Ahora, vea si puede traducir las oraciones siguientes al **English.** *(Ing-lIsh)* **The** *(di)* **answers** *(ean-serz)* se encuentran
respuestas

al pie de **the** *(peiJ)* **page.**
la   página

1. Yo quisiera siete tarjetas postales.

   _____

2. Yo quisiera nueve sellos.

   _____

3. Nosotros quisiéramos cuatro tazas de café.

   _____

4. Nosotros quisiéramos tres boletos.

   _____

Escriba sus números de teléfono, fax y celular. Luego escriba el número de teléfono de algún

amigo y de algún familiar.

(8   0   0)   4   8   8   —   5   0   6   8

eight zero zero _____

(   )   — _____

_____

(   )   — _____

_____

ANSWERS

14

6   (kal-urz) **Colors**
colores

Colors *(kal-urz)* **are** *(ar)* iguales **in the** *(In)(di)* **United** *(yu-nai-tID)* **States** *(steits)* como también lo son en **Chile** *(chI-li)* **and** **Mexico** *(mek-sI-ko)* —
son   en los   Estados   Unidos

simplemente tienen **names** *(neimz)* diferentes. Usted puede reconocer fácilmente **violet** *(vai-let)* como violeta
nombres

and purple *(pur-pol)* como púrpura. Ahora aprendamos los **colors** *(kal-urz)* básicos. Una vez que usted haya leído
y   colores

toda **the list,** *(lIst)* tome esta prueba. Qué color son los zapatos? Los ojos? El pelo? La casa?
   lista

pink *(pInk)*
rosado

_____

red *(reD)*
rojo

_____

white *(uait)*
blanco

_____

orange *(or-enJ)*
naranja

_____

blue *(blu)*
azul

_____

gray *(grei)*
gris

_____

brown *(braun)*
marrón/café

_____

yellow *(yel-o)*
amarillo

_____

green *(grin)*
verde

_____

black *(bleak)*
negro

_____

multicolored *(mol-tI-kal-urD)*
multicolor

_____

☐ **conversation** *(kan-ver-sei-shen)*	la conversación		_____
☐ **correct** *(ko-rekt)*	correcto		_____
☐ **coupon** *(kiu-pan)*	el cupón	**c**	_____
☐ **cream** *(krim)*	la crema		_____
☐ **culture** *(kol-chur)*	la cultura		_____

15

Despegue el próximo grupo de adhesivos **and** siga pegándolos **in** su **house.** _(jaus)_ Identifique los dos o

tres colores en las banderas abajo.

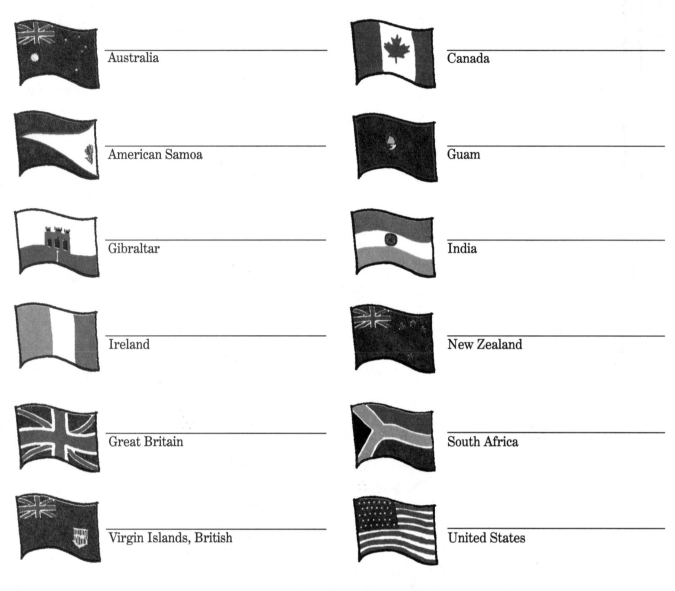

Australia

Canada

American Samoa

Guam

Gibraltar

India

Ireland

New Zealand

Great Britain

South Africa

Virgin Islands, British

United States

Usted podrá usar su capacidad de hablar **English** en cualquiera de los países mencionados.

Puede que pronuncien el **English** un poco diferente en cada país, pero le entenderán si usted

habla lenta **and** claramente.

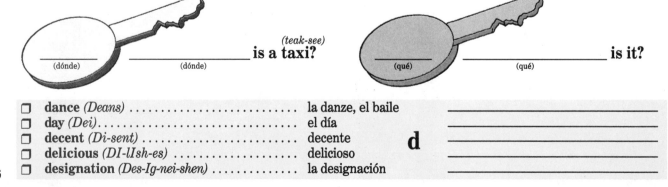

_____ _____ _(teak-see)_ **is a taxi?**
(dónde)   (dónde)

_____ _____ **is it?**
(qué)   (qué)

☐ **dance** _(Deans)_	la danze, el baile	_____
☐ **day** _(Dei)_	el día	_____
☐ **decent** _(Di-sent)_	decente	**d** _____
☐ **delicious** _(DI-lIsh-es)_	delicioso	_____
☐ **designation** _(Des-Ig-nei-shen)_	la designación	_____

(leamp) **lamp**	*(kar)* **car**	*(braun)* **brown**	*(bIr)* **beer**
(so-fa) **sofa**	*(mo-tor-sai-kol)* **motorcycle**	*(reD)* **red**	*(mIlk)* **milk**
(cher) **chair**	*(bai-sa-kol)* **bicycle**	*(pInk)* **pink**	*(bat-er)* **butter**
(kar-pet) **carpet**	*(keat)* **cat**	*(or-enJ)* **orange**	*(salt)* **salt**
(tei-bol) **table**	*(gar-Den)* **garden**	*(uait)* **white**	*(pep-er)* **pepper**
(Dor) **door**	*(flau-erz)* **flowers**	*(yel-o)* **yellow**	*(uain)* *(gleas)* **wine glass**
(klak) **clock**	*(Dag)* **dog**	*(grei)* **gray**	*(gleas)* **glass**
(kur-tIn) **curtain**	*(meil-baks)* **mailbox**	*(bleak)* **black**	*(nuz-pei-per)* **newspaper**
(tel-e-fon) **telephone**	*(meil)* **mail**	*(blu)* **blue**	*(kap)* **cup**
(uIn-Do) **window**	*(zIr-o)* **0 zero**	*(grin)* **green**	*(fork)* **fork**
(pIk-chur) **picture**	*(uan)* **1 one**	*(mol-tI-kal-urD)* **multicolored**	*(naif)* **knife**
(jaus) **house**	*(tu)* **2 two**	*(guD)* *(mor-nIng)* **good morning**	*(neap-kIn)* **napkin**
(af-Is) **office**	*(dri)* **3 three**	*(guD)* *(eaf-ter-nun)* **good afternoon**	*(pleit)* **plate**
(bead-rum) **bathroom**	*(for)* **4 four**	*(guD)* *(iv-nIng)* **good evening**	*(spun)* **spoon**
(kIt-chen) **kitchen**	*(faiv)* **5 five**	*(guD)* *(nait)* **good night**	*(kab-urD)* **cupboard**
(beD-rum) **bedroom**	*(sIks)* **6 six**	*(jel-o)* **hello**	*(ti)* **tea**
(Dain-Ing) *(rum)* **dining room**	*(se-ven)* **7 seven**	*(jau)* *(ar)* *(yu)* **How are you?**	*(kaf-i)* **coffee**
(lIv-Ing) *(rum)* **living room**	*(eit)* **8 eight**	*(rI-frIJ-a-rei-tur)* **refrigerator**	*(breD)* **bread**
(ga-raJ) **garage**	*(nain)* **9 nine**	*(stov)* **stove**	*(pliz)* **please**
(beis-ment) **basement**	*(ten)* **10 ten**	*(uain)* **wine**	*(deank)* *(yu)* **thank you**

ADHESIVOS

Este libro contiene más de 150 adhesivos especiales para que usted los use a medida que vaya aprendiendo palabras nuevas. Cuando se le presente una palabra nueva, desprenda el adhesivo correspondiente. Use cada uno de estos adhesivos pegándolos a un cuadro, una ventana, una lámpara o a cualquier objeto a que se refiera el adhesivo. Los adhesivos harán el aprendizaje del idioma inglés mucho más agradable y más fácil. Por ejemplo, cuando usted se mire en el espejo y vea el adhesivo, diga

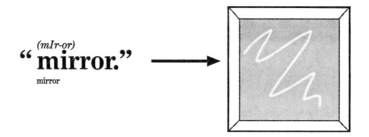

(mIr-or)
"**mirror.**"
mirror

No lo diga sólo una vez, repítalo varias veces. Una vez que haya pegado el adhesivo en el refrigerador, no lo abra sin decir

(rI-frIJ-a-rei-tur)
"**refrigerator.**"
refrigerador

¡Al usar los adhesivos, no sólo usted aprende palabras nuevas sino que sus amigos y familiares aprenden junto con usted!

7   Money

(man-i)

dinero

Antes de empezar este capítulo, revise el capítulo número 5. Asegúrese de que pueda contar

hasta **twenty** *(twen-ti)* / veinte sin mirar **the book.** *(buk)* / libro Ahora aprendamos **the numbers** *(nam-berz)* / números más altos. Después de

practicar en voz alta **the English numbers** *(nam-berz)* abajo, escriba estos **numbers** / números en los espacios en

blanco. Observe **the similarities** *(sIm-a-ler-a-tiz)* / similititudes entro los **numbers** como **six,** *(sIks)* **sixteen and** *(sIks-tin)* **sixty.** *(sIks-ti)*

10	**ten** *(ten)* _____	10	*ten, ten, ten, ten, ten*
20	**twenty** *(twen-ti)* _____	20	_____
30	**thirty** *(dur-ti)* _____	30	_____
40	**forty** *(for-ti)* _____	40	_____
50	**fifty** *(fIf-ti)* _____	50	_____
60	**sixty** *(sIks-ti)* *sixty, sixty, sixty*	60	_____
70	**seventy** *(se-ven-ti)* _____	70	_____
80	**eighty** *(ei-ti)* _____	80	_____
90	**ninety** *(nain-ti)* _____	90	_____
100	**one hundred** *(uan) (jan-DreD)* _____	100	_____
500	**five hundred** *(faiv) (jan-DreD)* _____	500	_____
1000	**one thousand** *(uan) (dau-zenD)* _____	1000	_____

Estas son dos frases importantes. Practique las frases y luego escríbalas abajo.

I have *(ai) (jeav)* / yo tengo _____

we have *(ui) (jeav)* / nosotros tenemos _____

❏	**difficult** *(DIf-a-kalt)*	difícil	_____
❏	**direction** *(DI-rek-shen)*	la dirección	_____
❏	**distance** *(DIs-tens)*	la distancia	**d** _____
❏	**doctor** *(Dak-tur)*	el doctor	_____
❏	**document** *(Dak-yu-ment)*	el documento	

La unidad monetaria **in the United States is the dollar,** *(yu-nai-tID)* *(steits)* *(Dal-er)* y se abrevia **$.** Los billetes se llaman

bills and *(bIlz)* *(eanD)* las monedas se llaman **coins.** *(koinz)* Como **a Mexican peso** *(ei)* *(mek-sI-ken)* puede dividirse en 100 centavos,
mexicano

an American dollar *(ean)* *(a-mer-a-ken)* *(Dal-er)* puede dividirse en **100 cents** *(sents)* (abrevia **¢**) **or pennies.** *(pen-niz)* Muchas monedas

americanas tienen **names** *(neimz)* especiales. Por ejemplo, una moneda de **10 cents** *(sents)* se llama **a dime.** *(Daim)*
nombres

Ahora, aprendamos las clases diferentes de **bills and coins.** *(bIlz)* *(koinz)* Siempre trate de practicar cada
billetes   monedas

word *(uorD)* en voz alta. Quizás quiera cambiar algo de dinero **now** *(nau)* para que pueda familiarizarse
ahora

with *(uid)* los **bills and coins** *(bIlz)* *(koinz)* diferentes.
con   billetes   monedas

Bills *(bIlz)*

one dollar *(uan)* *(Dal-er)*

five dollars *(faiv)* *(Dal-erz)*

ten dollars *(ten)*

twenty dollars *(twen-ti)*

fifty dollars *(fIf-ti)*

one hundred dollars *(uan)*

Coins *(koinz)*

one cent (penny) *(uan)* *(sent)* *(pen-ni)*

five cents (nickel) *(faiv)* *(sents)* *(nIk-ol)*

ten cents (dime) *(ten)* *(sents)* *(Daim)*

twenty-five cents *(twen-ti-faiv)*
(quarter) *(kuor-ter)*

❏	**effect** *(I-fekt)*	el efecto	_____
❏	**electric** *(I-lek-trIk)*	eléctrico	_____
❏	**enormous** *(I-nor-mes)*	enorme	_____
❏	**entrance** *(en-trens)*	la entrada	_____
❏	**error** *(er-ur)*	el error	_____

e

Revise **the numbers ten to one thousand** *(nam-berz)* *(uan)* *(dau-zenD)* otra vez. **Now,** *(nau)* cómo diría "veinte y dos" **or** "cincuenta

y tres" **in English?** *(Ing-lIsh)* Simplemente ponga **the numbers** *(nam-berz)* en sucesión lógica. Por ejemplo,

78 (70 + 8) = **seventy- eight.** *(se-ven-ti)* *(eit)* Vea si puede decir **and** escribir **the numbers** en esta **page.** *(peiJ)* **The**

answers *(ean-serz)* **are** *(ar)* al pie de **the page.** *(peiJ)*

1. _twenty-five, twenty-five_
(20 + 5 = 25)

2. _____
(40 + 7 = 47)

3. _____
(80 + 4 = 84)

4. _____
(90 + 3 = 93)

How diría lo siguiente **in English?**

5. _____
(Yo tengo 60 dólares.)

6. _____
(Nosotros tenemos 15 dólares.)

Para preguntar cuánto cuesta algo en **English,** diga, — **How much does this cost?** *(jau)* *(mach)* *(Daz)* *(dIs)* *(kast)*
¿Cuánto cuesta ésto?

Ahora _____
(¿Cuánto cuesta ésto?)

Now *(nau)* conteste las preguntas siguientes basadas en **the numbers** entre paréntesis.
ahora

7. **How much does this cost?** *(jau)* *(mach)* *(Daz)* *(dIs)* *(kast)* **It costs** _____ **cents.** *(sents)*
esto (20)

8. **How much does that cost?** *(deat)* **It costs** _____ **dollars.**
eso (3)

9. **How much does the book cost?** *(buk)* **It costs** _____ **dollars.** *(Dal-erz)*
(17)

10. **How much does the picture cost?** *(pIk-chur)* **It costs** _____ **dollars.**
(125)

8

(tu-Dei) *(tu-mar-o)* *(yes-ter-Dei)*
Today, Tomorrow and Yesterday
hoy   mañana   y   ayer

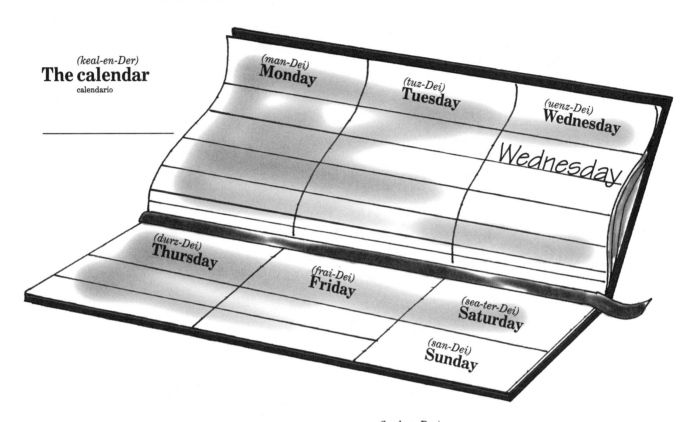

(keal-en-Der)
The calendar
calendario

(man-Dei) **Monday**

(tuz-Dei) **Tuesday**

(uenz-Dei) **Wednesday**

Wednesday

(durz-Dei) **Thursday**

(frai-Dei) **Friday**

(sea-ter-Dei) **Saturday**

(san-Dei) **Sunday**

(keal-en-Der)
Aprenda los días de la semana escribiéndolos en **the calendar** arriba **and** de allí prosiga a las

(for) *(parts)* *(Dei)*
four parts de cada **day.**
partes   día

(mor-nIng)
morning
la mañana

(eaf-ter-nun)
afternoon
la tarde

(iv-nIng)
evening
la noche (las primeras horas)

(nait)
night
la noche (la despedida)

☐	**family** *(feam-I-li)*	la familia		_____
☐	**famous** *(fei-mes)*	famoso		_____
☐	**favor** *(fei-vor)*	el favor	**f**	_____
☐	**figure** *(fig-yor)*	la figura		_____
☐	**film** *(fIlm)*	el film, la película		_____

(It) *(ver-i)* *(Im-por-tent)* *(eanD)*
It is **very important** saber los días de la semana **and** las partes diferentes del día tan bien estas
es   muy   importante

tres palabras.

(yes-ter-Dei)   *(tu-Dei)*   *(tu-mar-o)*
yesterday   **today**   **tomorrow**

(san-Dei)   *(uenz-Dei)*   *(sea-ter-Dei)*
Sunday   **Wednesday**   **Saturday**
domingo   miércoles   sábado

(tuz-Dei)
Tuesday
martes

(man-Dei)   *(durz-Dei)*
Monday   **Thursday**
lunes   jueves

(frai-Dei)
Friday
viernes

(uat) *(Iz)* *(tu-Dei)*   *(tu-mar-o)*
What is today? _____   **What is tomorrow?** _____
qué

(uaz) *(yes-ter-Dei)*   *(tu-Dei)* *(Iz)* *(tuz-Dei)*
What was yesterday? _____   **Today is Tuesday, yes?** Si _____ **is**
            fue   sí   *(mañana)*

(uenz-Dei)   *(man-Dei)*   *(iv-nIng)*
Wednesday and _____ **was Monday.** Observe que **in English** se utiliza **evening**
                    (ayer)

para las primeras horas de la noche y cuando se saluda. Complete las líneas siguientes **and** luego

(ean-serz)   *(peiJ)*
compare sus **answers** al pie de **the page.**

a. el domingo por la mañana   = _____

b. el viernes por la noche   = _____

c. el sábado por la noche   = _____

d. el jueves por la tarde   = _____

e. el lunes por la mañana   = _____

f. ayer por la noche   = _____

g. mañana por la tarde   = _____

h. mañana por la noche   = _____

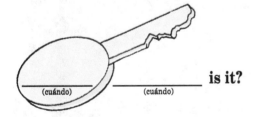
_____ _____ **is it?**
(cuándo)   (cuándo)

_____ _____ **is it?**
(quién)   (quién)

ANSWERS

a. Sunday morning	d. Thursday afternoon	g. tomorrow afternoon
b. Friday evening	e. Monday morning	h. tomorrow evening
c. Saturday evening	f. yesterday evening	

Saber **the parts of the day** le ayudará a aprender **and** comprender las varias maneras de

saludar **in English**.

(guD) *(mor-nIng)*
good morning _____
buenos   días

(guD) *(eaf-ter-nun)*
good afternoon _____
buenas   tardes

(guD) *(iv-nIng)*
good evening _____
buenas   noches (el saludo)

(guD) *(nait)*
good night _____
buenas   noches (la despedida)

(jel-o) *(jai)*
hello / hi _____
hola

Tome los próximos **four** adhesivos **and** péguelos en **the** *(dIngz)* **things** apropiadas en su *(jaus)* **house**.
cosas

Asegúrese de ponerlos en los artículos correctos porque solamente están escritos **in English**.

¿Qué le parece el espejo en el baño para *(guD)* *(mor-nIng)* **good morning?** **Or** su reloj despertador para **good**

(nait) **night?** No se sorpenda, *(jau)* *(yu)* **How are you?** _____
cómo   está   usted

Ahora algunas preguntas de **"yes"** o **"no"** –
sí

¿Sus ojos son *(blu)* **blue?** _____   ¿Sus zapatos son *(braun)* **brown?** _____

¿Su color favorito es el *(reD)* **red?** _____   ¿Es hoy día **Saturday?** _____

¿Eres dueño de un *(Dag)* **dog?** _____   ¿Eres dueño de un *(keat)* **cat?** _____

Usted *(ar)* **are** a punto de terminar una cuarta parte de *(dIs)* *(buk)* **this book, and it is a** *(guD)* **good** momento para
está

revisar rápidamente **the** *(uorDz)* **words** que usted **have** aprendido rellenando el crucigrama en la próxima

(peiJ) **page.** *(jeav)* *(fan)* *(guD)* *(lak)* **Have fun and good luck!**
         diviértase   buena   suerte

RESPUESTAS DEL CRUCIGRAMA (CROSSWORD PUZZLE)

VERTICAL

1. cat
2. why
3. answers
4. day
5. where
6. now
10. bedroom
11. color
12. salad
14. clock
15. afternoon
17. door
18. hundred
19. postcard
21. garage
23. yellow
25. telephone
26. evening
27. black
30. water
32. yesterday
35. garden
38. doctor
39. morning
41. table
42. white
44. sofa

HORIZONTAL

28. number
29. window
31. carpet
33. pink
34. twenty
36. house
37. good
40. restaurant
43. what
45. wine
46. green
47. fifty
48. England
3. and
5. woman
7. how
8. today
9. sixty
10. bicycle
13. beer
15. American
16. red
19. picture
20. dog
22. forty
24. ninety
27. bill

24

EL CRUCIGRAMA (CROSSWORD PUZZLE)

(kras-uorD) *(paz-ol)*

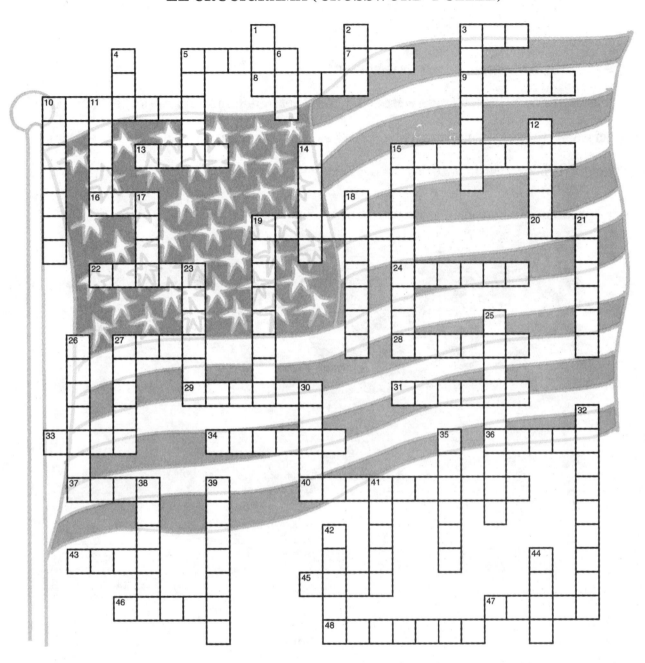

HORIZONTAL

3. y
5. mujer
7. cómo
8. hoy
9. sesenta
10. bicicleta
13. cerveza
15. americano
16. rojo
19. cuadro
20. perro
22. cuarenta
24. noventa
27. billete
28. número
29. ventana
31. alfombra
33. rosado
34. veinte
36. casa
37. bueno
40. restaurante
43. qué
45. vino
46. verde
47. cincuenta
48. Inglaterra

VERTICAL

1. gato
2. por qué
3. respuestas
4. día
5. dónde
6. ahora
10. dormitorio
11. color
12. ensalada
14. reloj
15. tarde
17. puerta
18. cien
19. tarjeta postal
21. garaje
23. amarillo
25. teléfono
26. noche
27. negro
30. agua
32. ayer
35. jardín
38. doctor
39. mañana
41. mesa
42. blanco
44. sofá

☐ **filter** *(fIl-ter)* .... el filtro
☐ **final** *(fai-nol)* .... final
☐ **flower** *(flau-er)* .... la flor   **f**
☐ **forest** *(for-Ist)* .... la floresta, el bosque
☐ **form** *(form)* .... la forma

9   *(In) (on) (an-Der)* In, On, Under
en   sobre   debajo de

Las preposiciones **in** *(Ing-lIsh)* **English** (*(uorDz)* **words** como "en," "sobre," "a través de" y "cerca de") *(ar)* **are** fáciles

de aprender **and** le permiten ser preciso *(uid)* **with** un esfuerzo mínimo. En vez de señalar *(sIks)* **six** veces a
con

un delicioso pastel que desea pedir, usted podrá explicar precisamente cuál es el que desea

diciendo que **it is** detrás, delante de, cerca de **or** debajo del pastel que la vendedora empezó a
está

coger. Aprendamos algunas de estas **words** pequeñas.

(an-Der)
under _____
debajo de

(an)
on _____
en

(o-ver)
over _____
sobre

(In) (frant) (av)
in front of _____
delante de

(bi-tuin)
between _____
entre

(bi-jainD)
behind _____
detrás de

(nekst) (tu)
next to _____
cerca de

(aut) (av)
out of _____
fuera de

(In-tu) (In)
into/ in _____
dentro de

(peis-tri)
pastry _____
pastel

Complete los espacios en blanco en la siguente **page** *(uid)* **with** **the** *(ko-rekt)* **correct** *(prep-a-zI-shenz)* **prepositions** de acuerdo
con   las   correctas   preposiciones

a los que acaba de aprender.

_____ *(yu)* **are you?**
(cómo) (cómo)

_____ **is the taxi** *(teak-si) (yel-o)* **yellow?**
(por qué) (por qué)   amarillo

☐ **fortune** *(for-chen)*	la fortuna	_____
☐ **fountain** *(faun-ten)*	la fuente	_____
☐ **fresh** *(fresh)*	fresco	_____
☐ **fruit** *(frut)*	la fruta	**f** _____
☐ **future** *(fiu-chur)*	el futuro	_____

The *(peis-tri)* **pastry is** _____ **the** *(tei-bol)* **table.**
pastel *(en)* mesa

The *(Dag)* **dog is** _____ **the** *(tei-bol)* **table.**
perro *(debajo de)* mesa

The *(Dak-tur)* **doctor is** _____ **the** *(jo-tel)* **hotel.**
(dentro de)

Where is the doctor? _____
(uer) dónde

The *(mean)* **man is** _____ **the** *(jo-tel)* **hotel.**
hombre *(delante de)*

Where is the man? _____

The *(tel-e-fon)* **telephone is** _____ **the** *(pIk-chur)* **picture.**
(cerca de) cuadro

Where is the telephone? _____

Now, complete cada línea en blanco en **the picture** *(uid)* **with the** *(prep-a-zI-shen)* **preposition** más apropiada.
cuadro

¿Reconoce usted **the** *(gol-Den)* *(geit)* *(brIJ)* **Golden Gate Bridge?**

(en)   (sobre)   (detrás de)   (cerca de)   (entre)   (debajo de)   (delante de)   (dentro de)

❐	**gallery** *(geal-e-ri)*	la galería	_____
❐	**garden** *(gar-Den)*	el jardín	_____
❐	**gas** *(geas)*	el gas, la gasolina **g**	_____
❐	**— gas station** *(geas)(stei-shen)*	la gasolinera	_____
❐	**government** *(gov-er-ment)*	el gobierno	_____

10

(Jean-yu-er-i) *(feb-ru-er-i)* *(march)*
January, February, March
enero   febrero   marzo

(Deiz) *(uik)* *(taim)* *(mandz)* *(yIr)*
Usted ya aprendió **the days of the week.** Ahora **it is time** de aprender **the months of the year**
días   semana   hora   meses   año

(dIf-rent) *(ued-er)*
and todas **the different** clases de **weather.**
diferentes   tiempo/clima

(Jean-yu-er-i) **January**

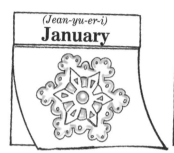

(feb-ru-er-i) **February**

(march) **March**

(ei-prIl) **April**

(mei) **May**

(Jun) **June**

(Ju-lai) **July**

(a-gest) **August**

(sep-tem-ber) **September**

(ak-to-ber) **October**

(no-vem-ber) **November**

(De-sem-ber) **December**

(jau) *(ued-er)* *(tu-Dei)*
Cuando alguien le pregunta "<u>How is the weather today?</u>" usted puede usar muchas
cómo   está el   tiempo   hoy

respuetas. Aprendamos algunas pero primero, ¿suena esto familiar?

(dur-ti) *(Deiz)* *(jeaz)* *(sep-tem-ber)* *(ei-prIl)* *(Jun)* *(no-vem-ber)*
Thirty days has September, April, June and November . . .
treinta   días   tiene

☐ **grain** *(grein)*	el grano		_____
☐ **grand** *(greanD)*	gran		_____
☐ **grease** *(gris)*	la grasa	**g**	_____
☐ **group** *(grup)*	el grupo		_____
☐ **guide** *(gaiD)*	el guía		_____

(jau)   *(ued-er)*   *(tu-Dei)*
How is the weather today? _____
cómo   está   el   tiempo   hoy

(snoz)   *(Jean-yu-er-i)*
It snows in January. _____
nieva

(al-so)   *(feb-ru-er-i)*
It also snows in February. _____
también

(reinz)   *(march)*
It rains in March. _____
llueve

(al-so)   *(ei-prIl)*
It also rains in April. _____
también

(uin-Di)   *(mei)*
It is windy in May. _____
viento

(Jun)
It is also windy in June. _____

(jat)   *(Ju-lai)*
It is hot in July. _____
calor

(a-gest)
It is also hot in August. _____

(guD)   *(sep-tem-ber)*
The weather is good in September. _____
bueno

(klau-Di)   *(ak-to-ber)*
It is cloudy in October. _____
nublado

(kolD)   *(no-vem-ber)*
It is cold in November. _____
frío

(ued-er)   *(beaD)*   *(De-sem-ber)*
The weather is bad in December. _____
malo

(jau)   *(ued-er)*   *(feb-ru-er-i)*
How is the weather in February? _____
cómo

(ued-er)   *(ei-prIl)*
How is the weather in April? _____

(mei)
How is the weather in May? _____

(a-gest)
How is the weather in August? _____

☐	**habit** *(jea-bIt))*	el hábito		_____
☐	**hamburger** *(jeam-bur-ger)*	la hamburguesa		_____
☐	**hero** *(jIr-o)*	el héroe	**h**	_____
☐	**history** *(jIs-to-ri)*	la historia		_____
☐	**honor** *(an-or)*	el honor		_____

Now, para las estaciones **of the** *(yIr)* **year** . . .
año

(uin-ter)
winter
invierno

(sam-er)
summer
verano

(a-tem)
autumn
otoño

(sprIng)
spring
primavera

(sen-ta-greid)
Centigrade
centígrado

(fer-In-jait)
Fahrenheit

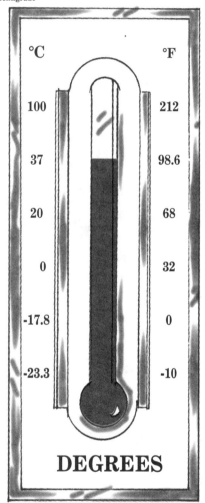

°C	°F
100	212
37	98.6
20	68
0	32
-17.8	0
-23.3	-10

DEGREES

Ahora, **it is a** *(guD)* **good** *(ai-Di-a)* **idea** familiarizarse **with** *(uid)*
idea *con*

American temperatures. Estudie **the thermometer** *(tem-pra-churz)* *(der-mam-a-ter)*
temperaturas *termómetro*

porque las **temperatures in the United States** son *(tem-pra-churz)* *(yu-nai-tID) (steits)*

calculadas a base de **Farhenheit** y no **Centigrade.** *(fer-In-jait)* *(sen-ta-greid)*
centígrado

Para convertir **Centigrade** a **Fahrenheit,** multiplique

por 1.8 y agregue 32.

$$37\,°C \times 1.8 = 66.6 + 32 = 98.6\,°F$$

Para convertir **Fahrenheit** a **Centrigrade,** reste 32 y

multiplique por 0.55

$$98.6\,°F - 32 = 66.6 \times 0.55 = 37\,°C$$

¿Cuál es la temperature normal del cuerpo humano

en grados Fahrenheit?

¿Cuál es el punto de congelación en grados

Fahrenheit?

11   Family, Food and Faith

(feam-I-li)   *(fuD)*   *(feid)*

familia   alimento   fe

In English, hay **three words** *(dri) (uorDz)* que empiezan con "F" que le ayudarán a comprender algunas de

las partes básicas de la **American life.** *(a-mer-a-ken) (laif)* Estudie **the illustration** *(Il-a-strei-shen)* abajo **and then** *(den)* escriba **the**

vida   ilustración   luego

new words *(nu) (uorDz)* en las líneas en blanco. Observe que, **in the United States and England,** *(In) (yu-nai-tId) (steits)* la

nuevas   en

mujer casada toma generalmente el apellido de su esposo.

Helen Anderson
grandmother
abuela

William Johnson
grandfather
abuelo

Joseph Johnson
father
padre

Patricia Kelly
mother
madre

Suzie Johnson
aunt
tía

Greg Bowman
uncle
tío

Blake Johnson
son
hijo

Cassandra Johnson
daughter
hija

☐ **idea** *(ai-Di-a)*	la idea	_____
☐ **illustration** *(Il-a-strei-shen)*	la ilustración	_____
☐ **important** *(Im-por-tent)*	importante	_____
☐ **industry** *(In-Das-tri)*	la industria	_____
☐ **information** *(In-for-mei-shen)*	la información	_____

i

Aprendamos a identificar **the family** *(feam-I-li)* por su **name.** *(neim)* Estudie **the examples** *(Ig-zeam-polz)* siguientes.

ejemplos

What is your name? *(uat) (Iz) (yor) (neim)* _____

¿Cómo se llama?

My name is *(mai) (neim)* _____

me llamo

(su nombre)

parents *(per-ents)* _____

padres

father *(fa-der)* _____

padre

What is the father's name? *(fa-derz) (neim)* _Joseph_____

nombre del padre

mother *(ma-der)* _____

madre

What is the mother's name? *(ma-derz)* _____

children *(chIl-Dren)*

niños

son and daughter *(san) (Da-ter)* = **brother and sister** *(bra-der) (sIs-ter)*

hermano   hermana

son *(san)* _____

hijo

What is the son's name? *(sanz)* _____

daughter *(Da-ter)* _____

hija

What is the daughter's name? *(Da-terz)* _____

relatives *(rel-a-tIvz)*

parientes

grandfather *(greanD-fa-der)* _____

abuelo

What is the grandfather's name? *(greanD-fa-derz)* _____

grandmother *(greanD-ma-der)* _____

abuela

What is the grandmother's name? *(greanD-ma-derz)* _____

Ahora pregunta —

Y responde —

_____

(¿Cómo se llama?)

_____

(Me llamo . . .)

(kIt-chen)
Kitchen
cocina

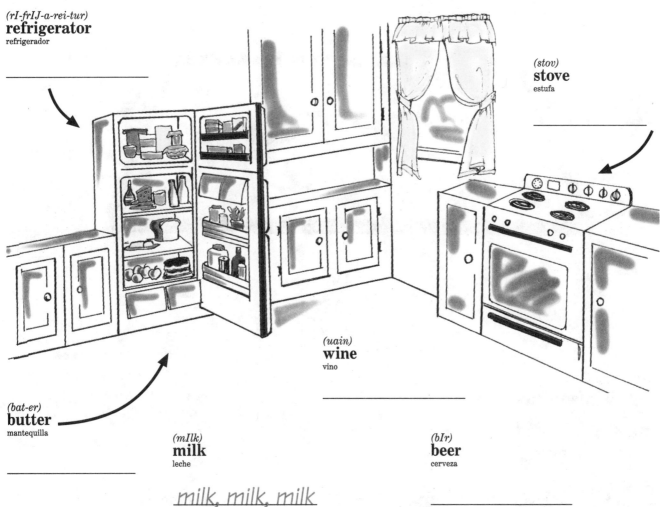

(rI-frIJ-a-rei-tur)
refrigerator
refrigerador

_____

(stov)
stove
estufa

_____

(uain)
wine
vino

_____

(bat-er)
butter
mantequilla

_____

(mIlk)
milk
leche

milk, milk, milk

(bIr)
beer
cerveza

_____

(ean-ser) *(diz)* *(kues-chenz)*
Answer these questions en voz alta.
estas

(uer) *(bIr)* *(bIr)* *(In)* *(rI-frIJ-a-rei-tur)*
Where is the beer? . . . . **The beer is in the refrigerator.**

(mIlk) *(uain)* *(bat-er)* *(seal-eD)*
Where is the milk?   **Where is the wine?**   **Where is the butter?**   **Where is the salad?**

(nau) *(o-pen)* *(uid)*
Now open the book a **the page with** los adhesivos **and** despegue el próximo grupo de adhesivos
abra

(dIngz) *(kIt-chen)*
y péguelos y en todas **the things** en su **kitchen.**
cosas

☐	**jacket** *(Jeak-et)*	la chaqueta	_____
☐	**jasmine** *(Jeas-mIn)*	el jazmín	_____
☐	**jeep** *(Jip)*	el jeep	**j** _____
☐	**June** *(Jun)*	junio	_____
☐	**justice** *(Jas-tIs)*	la justicia	_____

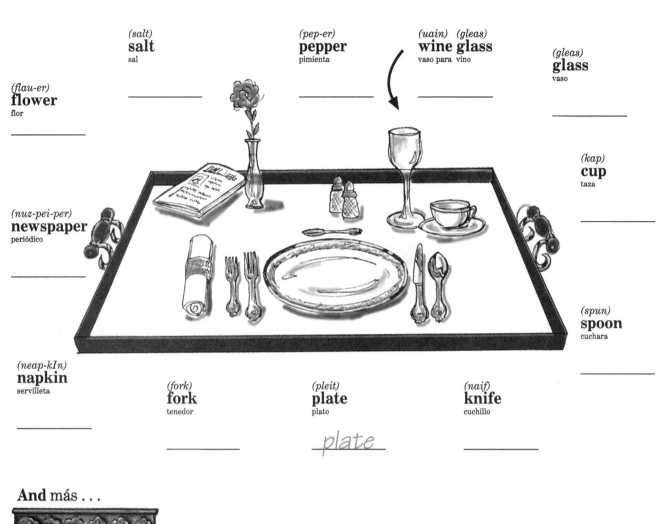

(salt) **salt**
sal

(pep-er) **pepper**
pimienta

(uain) (gleas) **wine glass**
vaso para vino

(gleas) **glass**
vaso

(flau-er) **flower**
flor

(kap) **cup**
taza

(nuz-pei-per) **newspaper**
periódico

(spun) **spoon**
cuchara

(neap-kIn) **napkin**
servilleta

(fork) **fork**
tenedor

(pleit) **plate**
plato

(naif) **knife**
cuchillo

plate

And más . . .

(kab-urD) **cupboard**
armario

(ti) **tea** _____ **Where is the ᵗⁱ tea?**
té

The tea is in the *(kab-urD)* cupboard.

(kaf-i) **coffee** _____ **Where is the *(kaf-i)* coffee?** _____
café

(breD) **bread** _____ **Where is the *(uer)* *(breD)* bread?** _____
pan

No se olvide de pronunciar en cada oportunidad posible estas **words**

en voz alta. **This is *(dIs)* *(ver-i)* very *(Im-por-tent)* important.**
muy

l

(eks-kiuz) *(mi)* **excuse me**	*(steamp)* **stamp**	*(kom)* **comb**	*(shorts)* **shorts**
(beD) **bed**	*(post-karD)* **postcard**	*(o-ver-kot)* **overcoat**	*(ti-shert)* **T-shirt**
(pIl-o) **pillow**	*(peas-port)* **passport**	*(am-brel-la)* **umbrella**	*(an-Der-peants)* **underpants**
(bleing-kIt) **blanket**	*(tIk-et)* **ticket**	*(rein-kot)* **raincoat**	*(an-Der-shert)* **undershirt**
(a-larm) *(klak)* **alarm clock**	*(sut-keis)* **suitcase**	*(glavz)* **gloves**	*(Dres)* **dress**
(mIr-or) **mirror**	*(jeanD-beig)* **handbag**	*(jeat)* **hat**	*(blaus)* **blouse**
(sInk) **sink**	*(ual-et)* **wallet**	*(jeat)* **hat**	*(skert)* **skirt**
(tau-elz) **towels**	*(man-i)* **money**	*(buts)* **boots**	*(suet-er)* **sweater**
(toi-let) **toilet**	*(kre-DIt)* *(karDz)* **credit cards**	*(shuz)* **shoes**	*(slIp)* **slip**
(shau-er) **shower**	*(treav-ol-erz)* *(cheks)* **traveler's checks**	*(ten-Is)* *(shuz)* **tennis shoes**	*(bra)* **bra**
(pen-sol) **pencil**	*(keam-ra)* **camera**	*(sut)* **suit**	*(an-Der-peants)* **underpants**
(tel-e-vI-shen) **television**	*(fIlm)* **film**	*(tai)* **tie**	*(saks)* **socks**
(pen) **pen**	*(suIm-sut)* **swimsuit**	*(shert)* **shirt**	*(pean-ti-hoz)* **pantyhose**
(meag-a-zin) **magazine**	*(sean-Dolz)* **sandals**	*(jeang-ker-chIf)* **handkerchief**	*(pa-Jea-maz)* **pajamas**
(buk) **book**	*(san-glea-sez)* **sunglasses**	*(Jeak-et)* **jacket**	*(nait-shert)* **nightshirt**
(kam-pu-ter) **computer**	*(tud-brash)* **toothbrush**	*(trau-serz)* **trousers**	*(bead-rob)* **bathrobe**
(glea-sez) **glasses**	*(tud-peist)* **toothpaste**	*(Jinz)* **jeans**	*(slIp-erz)* **slippers**
(pei-per) **paper**	*(sop)* **soap**	*(ai)* *(kam)* *(fram)* **I come from** _____.	
(treash) *(kean)* **trash can**	*(rei-zor)* **razor**	*(ai)* *(wuD)* *(laik)* *(tu)* *(lern)* *(Ing-lIsh)* **I would like to learn English.**	
(let-er) **letter**	*(Di-o-Der-ent)* **deodorant**	*(mai)* *(neim)* *(Iz)* **My name is** _____.	

ADEMÁS...

Su libro incluye un número de otras características novedosas. En la parte de atrás de su libro, encontrará doce páginas de tarjetas de estudio. Córtelas y léalas por lo menos una vez al día.

En las páginas 116, 117 y 118 encontrará una guía de bebidas y un menú. No espere hasta que vaya de viaje para usarlo. Recorte el menú y úselo esta noche a la hora de la cena. Y use la guía de bebidas para practicar cómo pedir su bebida favorita.

Al usar las características especiales que le ofrece este libro, hablará inglés antes de darse cuenta.

(guD) *(lak)*
Good luck!
buena   suerte

VIAJAR TO TRAVEL **72 tarjetas de estudio** CUP **docenas de adhesivos** MENU

(ri-lIJ-en)
Religion
religión

(yu-nai-tID) (steits)   (der)   (va-rai-e-ti) (av) (ri-lIJ-enz)   (re-lIJ-en)
In the United   States, there are a variety of religions. The religion de una persona **is**
variedad   religiones   religión

generalmente una de las siguientes.

(prat-Is-tent)
1. **Protestant** _____
protestante

(kead-lIk)
2. **Catholic** _____
católica

(Ju-Ish)
3. **Jewish** _____
judía

(jIr)   (church)   (yu-nai-tID) (steits)
Here is a church in the United   States.
iglesia
(kead-lIk)
Is it a Catholic church?

(prat-Is-tent)
Is it a Protestant church?

(nu)
Is it a new church?
nueva
(ean) (olD)
Is it an old church?
vieja

(men-i) (prIt-i) (church-ez)
Usted verá **many pretty churches** como ésta durante su visita a **the United States. Now,**
muchas bonitas

aprendamos a decir "yo soy" y "yo estoy" en **English: I   am** *I am,* _____
(ai) (eam)
yo soy/yo estoy

(ai) (eam)   (uorDz)
Practique diciendo **"I   am" with** las **words** siguientes. Escriba cada oración para practicar más.

_____ (por qué) _____ ?
(por qué)

_____ (cuánto) _____ **is it?**
(cuánto)

- □ **lemon** *(lem-en)* .... el limón
- □ **lemonade** *(lem-e-neiD)* .... la limonada
- □ **lesson** *(les-en)* .... la lección
- □ **license** *(lai-sens)* .... la licencia
- □ **lime** *(laim)* .... la lima

1 _____
_____
_____
_____
_____

(ai) (eam) (kead-lIk)
I am Catholic. _____

(prat-Is-tent)
I am Protestant. _____

(Ju-Ish)
I am Jewish. _____

(a-mer-a-ken)
I am American. _____

(Ing-lenD)
I am in England. _____
en

I am in the United States. _____

(church)
I am in the church. _____

(kIt-chen)
I am in the kitchen. _____

(kean-a-Da)
I am in Canada. _____
en   Canadá

(ka-nei-Di-en)
I am Canadian. _____
canadiense

(jo-tel)
I am in the hotel. _____

(res-ta-rant)
I am in the restaurant. _____

(jan-gri)
I am hungry. _____
con hambre

(ders-ti)
I am thirsty. _____
con sed

Para negar cualquiera de estas afirmaciones, simplemente agregue "**not**" después de "**I am.**"
(nat)
no
(ai)(eam)

(kead-lIk)
I am <u>not</u> Catholic. _____
no

(Ju-Ish)
I am <u>not</u> Jewish. _____

(nat)
Repase y practique una vez más estas oraciones usando " **not.**"

(feam-I-li)
Now, tome una hoja de papel. Nuestra **family** desde antes tendrá una reunión. Identifique todas

(pi-pol)
the **people** in the picture
personas
(bi-lo)
below, escribiendo the
abajo
(ko-rekt)
correct English word para cada
(per-san)
person —
persona

(ma-der) *(an-kol)*
mother, uncle y así sucesivamente. No se olvide **the**
(Dag)
dog!

(lern)
Learn!
aprender

Usted ya **have** aprendido dos verbos importantes: *(wuD)* *(laik)* **I would like** y *(jeav)* **I have.** Aunque puede
quisiera   tengo

defenderse con tan sólo estos verbos, supongamos que quiere aprender más. Primero un repaso

rápido.

¿Cómo se dice "yo" in English?_____

¿Cómo se dice "nosotros" in English?_____

Estudie estos *(tu)* **two** gráficos *(ver-i)* **very** cuidadosamente **and** aprenda estas *(sIks)* **six words now.**
muy

yo	=	*(ai)* **I** _____
usted tú	=	*(yu)* **you** _____
él	=	*(ji)* **he** _____
ella	=	*(shi)* **she** _____

nosotros	=	*(ui)* **we** _____
ustedes vosotros	=	*(yu)* **you** _____
ellos ellas	=	*(dei)* **they** _____

Now, trace líneas entre las palabras correspondientes en *(spean-Ish)* **Spanish and English** y vea si usted

puede aprender de memoria estas **words.**

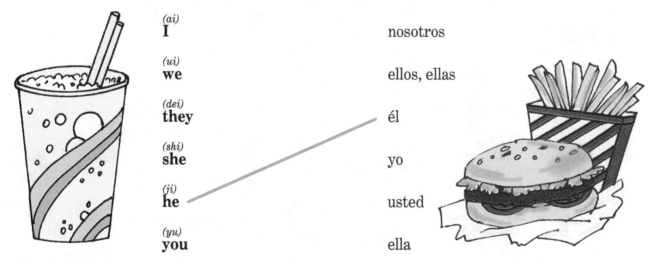

(ai) **I**   nosotros

(ui) **we**   ellos, ellas

(dei) **they**   él

(shi) **she**   yo

(ji) **he**   usted

(yu) **you**   ella

☐	**map** *(meap)*	el mapa	_____
☐	**March** *(march)*	marzo	_____
☐	**margarine** *(mar-Je-rIn)*	la margarina **m**	_____
☐	**medicine** *(meD-I-sIn)*	la medicina	_____
☐	**melody** *(mel-a-Di)*	la melodía	_____

Now cierre *(dIs)* **this book and** escriba **the words** arriba en **a piece of** *(ei)(pis)* **paper.** *(pei-per)* ¿Pudo hacerlo?
una hoja   papel

¿Sí o no? **Now** que *(yu)* **you** sabe estas **words,** *(yu)* **you** puede decir casi cualquier cosa **in English with**
usted

una fórmula básica: la "fórmula de conexión."

Para demonstrarlo, tomemos *(sIks)* **six English verbs** *(vurbz)* muy prácticos **and** importantes, **and** veamos
verbos

cómo funciona la "fórmula de conexión." Escriba los *(vurbz)* **verbs** en las líneas en blanco abajo después
verbos

de que *(yu)* **you** los haya practicado en voz alta muchas veces.

(or-Der)
order ___order, order, order___
ordenar

(stei)
stay _____
quedarse

(bai)
buy _____
comprar

(lIv)
live _____
vivir

(lern)
learn _____
aprender

(spik)
speak _____
hablar

Aparte de las **words** conocidas encerradas en círculo ¿puede **you** encontrar **four** de los verbos ya

mencionados en el puzzle a continuación?

E	N	O	U	L	E	A	R	N	K	S
S	W	Y	Z	I	A	B	P	?	R	T
P	V	O	M	V	X	S	W	H	O	A
E	K	N	O	E	T	O	P	R	B	Y
A	A	R	P	H	Q	W	I	C	P	W
K	O	Y	N	M	O	R	D	E	R	I
O	U	N	T	B	A	W	O	N	K	X
B	A	E	R	K	S	W	H	E	R	E

1. _____

2. _____

3. _____

4. _____

☐ **menu** *(men-yu)* . . . . el menú _____
☐ **metal** *(met-ol)* . . . . el metal _____
☐ **meter** *(mi-ter)* . . . . el metro **m** _____
☐ **minute** *(mIn-It)* . . . . el minuto _____
☐ **modern** *(maD-ern)* . . . . moderno _____

Estudie cuidadosamente la conjugación siguiente de verbos.

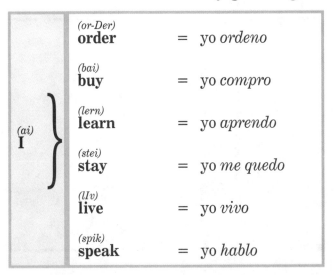

(ai) **I**	*(or-Der)* **order**	= yo *ordeno*
	(bai) **buy**	= yo *compro*
	(lern) **learn**	= yo *aprendo*
	(stei) **stay**	= yo *me quedo*
	(lIv) **live**	= yo *vivo*
	(spik) **speak**	= yo *hablo*

(ji) **he** *(shi)* **she**	*(or-Derz)* **orders**	= él/ella *ordena*
	(baiz) **buys**	= él/ella *compra*
	(lernz) **learns**	= él/ella *aprende*
	(steiz) **stays**	= él/ella *se queda*
	(lIvz) **lives**	= él/ella *vive*
	(spiks) **speaks**	= él/ella *habla*

Note:
- Con **he** y **she**, agregue una "s" a la forma básica del verbo.
- " *(ai)* **I**" en **English** se escribe siempre con mayúscula.
- Observe que, con "**I,**" no hay cambio en la forma básica del verbo.

¡Algunos verbos no concuerdan con las reglas! Pero no se preocupe . . . le enterderán perfectamente si dice **"speak"** o **"speaks."** Los estadounidenses se sentirán muy contentos al saber que usted tuvo el interés en aprender su idioma.

Note:
- ¡Con **"you,"** *(yu)* usted " **we**" *(ui)* nosotros and "**they,**" *(dei)* ellos no hay ningún cambio!
- Las formas de los verbos en inglés son muy fáciles y usted puede aprenderlos rápidamente.
- **In English,** hay solamente **one word** para "usted", "ustedes", "tú" y "vosotros": *(yu)* **you.** Esto hará su estudio más fácil.

☐	**moment** *(mo-ment)*	el momento	
☐	**— just a moment** *(Jast)(ei)(mo-ment)*	un momento	
☐	**motor** *(mo-tur)*	el motor	**m**
☐	**museum** *(miu-zi-em)*	el museo	
☐	**music** *(miu-zIk)*	la música	

¡Con **"you," "we" and "they,"** no hay ningún cambio!

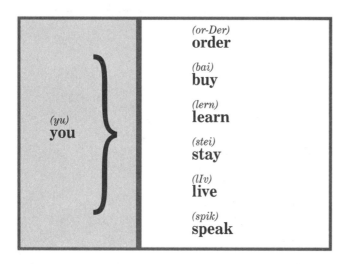

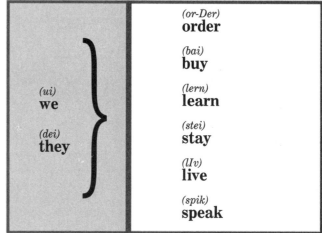

Aquí hay un ejemplo de verbos

semejantes y sus sujetos.

-s ⟶ *(ji)* **he**   *ex.* **he speaks**

-s ⟶ *(shi)* **she**   *ex.* **she orders**

Here are *(sIks)* **six** más *(vurbz)* **verbs.**
aquí   verbos

(kam) **come** _____
venir

(go) **go** _____
ir

(sei) **say** _____
decir

(uant) **want** _____
querer

(jeav) **have** _____
tener

(niD) **need** _____
necesitar

En la parte de atrás de su *(buk)* **book,** encontrará
libro

(twelv) **twelve** *(peiJ)* **pages** de tarjetas de estudio. Córtelas,
doce   páginas

llévalas en su maletín, cartera, bolsillo **or**

mochilla; **and** repáselas dondequiera que **you**

tenga un momento libre.

☐	**name** *(neim)*	el nombre		_____
☐	**nation** *(nei-shen)*	la nación		_____
☐	**native** *(nei-tIv)*	nativo	**n**	_____
☐	**natural** *(neach-a-rol)*	natural		_____
☐	**necessary** *(nes-e-ser-i)*	necesario		_____

Now, lea cada conjugación de verbos en voz alta varias veces antes de escribir sus **forms** *(formz)* formas

respectivas en las líneas en blanco.

(or-Der)
order
ordenar

I _____ a glass of water. *(gleas) (av) (ua-ter)* aqua

He _____ a glass of wine. *(uain)*
She

You _____ a cup of tea. *(kap) (ti)*

We _____ a cup of coffee. *(kaf-i)*

They _____ a glass of milk. *(mIlk)*

(lern)
learn
aprender

I _____ English.

He _____ Spanish.
She

You _____ learn _____ Chinese. *(chai-niz)* chino

We _____ German. *(Jer-men)* alemán

They _____ French. *(french)* francés

(lIv)
live
vivir

I _____ in the United States.

He _____ in Australia. *(a-streil-lla)*
She

You _____ in New Zealand. *(nu) (zi-lenD)*

We _____ in England. *(Ing-lenD)*

They _____ in Canada. *(kean-a-Da)*

(bai)
buy
comprar

I _____ a book. *(buk)*

He _____ a salad. *(seal-eD)*
She

You _____ buy _____ a car. *(kar)*

We _____ a clock. *(klak)*

They _____ a lamp. *(leamp)*

(stei)
stay
quedarse

I _____ in England. *(Ing-lenD)*

He _____ in the United States. *(yu-nai-tID) (steits)*
She

You _____ in Australia. *(a-streil-lla)*

We _____ in Canada. *(kean-a-Da)*

They _____ in New Zealand. *(nu) (zi-lenD)* Nueva Zelanda

(spik)
speak
hablar

Hello!

I _____ English. *(Ing-lIsh)*

He _____ English.
She

You _____ Spanish. *(spean-Ish)*

We _____ English.

They _____ Spanish.

Now tome un descanso, camine por el cuarto, respire profundo **and** estudie los próximos **six verbs**.

(kam)
come
venir

I _____ to the United States.

He _____ to New **York**. *(nu) (york)*
She   Nueva   York

You _____ to **Chicago**. *(shI-ka-go)*

We _____ to **England**.

They _____ to **London**. *(lan-Den)*
                        Londres

(sei)
say
decir

I _____ "good morning."

He _____ "**hello**." *(jel-o)*
She

You _____ "**no**." *(no)*

We _____ "**yes**." *(yes)*
                        sí

They _____ **nothing**. *(na-dIng)*
                        nada

(jeav)
have
tener

I _____ one **dollar**. *(uan) (Dal-er)*

He _____ **fifteen cents**. *(fIf-tin) (sents)*
She

You _____ a **thousand** dollars. *(dau-zenD)*

We ___ *have* ___ **ten** dollars. *(ten)*

They _____ **five** cents. *(faiv)*

(go)
go
ir

I _____ to England.

He _____ to the United States.
She

You _____ to **Spain**. *(spein)*
                        España
We ___ *go* ___ to **France**. *(freans)*
                 Francia
They _____ to **China**. *(chai-na)*

(uant)
want
querer

I _____ a **glass** **of** **wine**. *(gleas) (av) (uain)*

He _____ a glass of **red** **wine**. *(reD) (uain)*
She

You _____ a glass of **white** wine. *(uait)*

We _____ a glass of **milk**. *(mIlk)*

They _____ a glass of **beer**. *(bIr)*

(niD)
need
necesitar

I _____ a **room**. *(rum)*

He _____ a **book**. *(buk)*
She

You _____ a glass of milk.

We _____ a car.

They _____ a clock.

☐ **notion** *(no-shen)*	la noción		_____
☐ **novel** *(nav-el)*	la novela		_____
☐ **November** *(no-vem-ber)*	noviembre	**n**	_____
☐ **number** *(nam-ber)*	el número		_____
☐ **nylon** *(nai-lan)*	el nilon		_____

Yes, it is difícil acostumbrarse a todas esas **new words.** Pero siga practicando **and** antes que **you** se de cuenta, **you** estará usándolas en forma natural. **Now** es el momento perfecto para ir al final del **book,** cortar las tarjetas con los verbos **and** comenzar a estudiar. No se salte sus *(fri)* **free words.** Asegúrese de revisar sus **words** fáciles, tan pronto como **you** *(lern)* **learn** cada una. **Now,** vea si *(yu)* **you** puede rellenar las líneas en blanco abajo. **The** *(ko-rekt)* **correct** *(ean-serz)* aprenda **answers are** al pie de **the** *(peiJ)* **page.**

1. _____
   (Yo hablo inglés.)

2. _____
   (Nosotros aprendemos el inglés.)

3. _____
   (Ellos tienen diez dólares.)

4. _____
   (Nosotros necesitamos un cuarto.)

5. _____
   (Yo vivo en México.)

6. _____
   (Usted compra un libro.)

En los **capítulos** siguientes, *(yu)* **you** conocerá más **and** más **verbs and** deberá aprenderlos exactamente como lo hizo en este capítulo. Vea **the new words** en su *(DIk-sha-ner-i)* **dictionary and** trate de diccionario hacer sus propias oraciones. Trate de usar sus **new words** ya que de esa manera aprenderá y podrá usarlas fácilmente en sus vacaciones. Recuerde, mientras más **you** *(preak-tIs)* **practice now,** su practique viaje será más placentero. *(guD)* *(lak)* **Good luck!** buena suerte

---

ANSWERS

1. **I speak English.**	4. **We need a room.**
2. **We learn English.**	5. **I live in Mexico.**
3. **They have ten dollars.**	6. **You buy a book.**

13   (uat) (taim) (Iz) (It) What Time is it?
(¿Qué hora es?)

(yu) You sabe (jau) how decir the (Deiz) days of the (uik) week and the (mandz) months of the (yIr) year. Si viaja in the United
(días   semana   meses   año)

States, you necesitará decir saber la hora para así hacer (rez-er-vei-shenz) **reservations and** tomar (pleinz) **planes.** (jIr) **Here**
(reservaciones   aviones   aquí)

are los "fundamentos."

¿Qué hora es?	=	*(uat) (taim)* **What time is it?** _____
antes	=	*(bi-for)* **before** _____
después	=	*(eaf-ter)* **after** _____
minutos	=	*(mIn-Its)* **minutes** _____
y media	=	*(jeaf) (peast)* **half past** _____
un cuarto	=	*(kuor-ter)* **a quarter** _____
menos cuarto	=	*(tu)* **a quarter to/before** _____
y cuarto	=	*(kuor-ter)* **a quarter after** _____

Now examínese usted mismo. Complete las letras que faltan a continuación.

minutos = m _ n _ t _ s   antes = b e _ _ r e

y cuarto = a ✕ q u a _ t r ✕ f t _

y media = h a l ✕ _ a s t

¿Qué hora es? = w _ a t ✕ t i _ e ✕ i ✕ _ t ?

❐ **object** (ab-Jekt)	el objeto	_____
❐ **occasion** (o-kei-zhen)	la ocasión	_____
❐ **occupied** (ak-yu-paiD)	ocupado	**o** _____
❐ **ocean** (o-shen)	el océano	_____
❐ **office** (af-Is)	la oficina	_____

46

Now complete las líneas en blanco de acuerdo con the time *(taim)* indicada en the clocks. The
hora   relojes

answers are *(ean-serz)* al pie de la página. Observe que la frase " o'clock" *(o-klak)* normalmente se dice después
en punto

de la hora, como en "four o'clock." Simplemente significa "en punto."

It is five o'clock. *(faiv) (o-klak)*
son

`5:00`   *It is five o'clock.*

It is ten minutes after five *(eaf-ter)*
después

`5:10`

It is a quarter after five. *(kuor-ter)*
cuarto

`5:15`

It is twenty minutes after five. *(twen-ti)* *(eaf-ter)*

`5:20`

It is half past five. *(jeaf) (peast)*

`5:30`

It is twenty minutes before six. *(twen-ti)* *(bi-for)* *(sIks)*
antes   seis

`5:40`

It is a quarter to six. *(kuor-ter)* *(tu) (sIks)*

`5:45`

It is ten minutes before six. *(bi-for)*
antes

`5:50`

It is six o'clock. *(o-klak)*

`6:00`

¿Ve usted lo **important** que es saber los **numbers**? *(nam-berz)* **Now** conteste las **questions** *(kues-chenz)* siguientes
preguntas

basadas en the clocks *(klaks)* abajo. **What** *(uat)* time *(taim)* is it?

1. `8:00` _____

2. `7:15` _____

3. `4:30` _____

4. `9:20` _____

ANSWERS

4. It is twenty minutes after nine.

3. It is half past four.

2. It is a quarter after seven.

1. It is eight o'clock.

Cuando conteste una pregunta que empieza con "when," diga "at" antes de decir la hora.

(uen) — cuándo
(eat) — a las

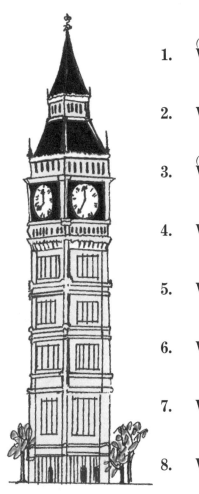

1. When does the taxi come? *(uen) (Daz) (teak-si) (kam)* — viene _____ (a las 6:00)

2. When does the bus come? *(Daz) (kam)* — viene _____ (a las 7:30)

3. When does the concert begin? *(uen) (Daz) (kan-sert) (bi-gIn)* — concierto empieza _____ (a las 8:00)

4. When does the film begin? *(fIlm)* — película _____ (a las 9:00)

5. When does the restaurant open? *(o-pen)* — abre _____ (a las 11:30)

6. When does the bank open? *(beank)* — banco _____ (a las 8:30)

7. When does the bank close? *(kloz)* — cierra _____ (a las 5:30)

8. When does the restaurant close? *(kloz)* — cierra _____ (a las 10:30)

Here is un examen rápido. Complete las líneas en blanco **with the correct** *(nam-berz)* **numbers.**

9. A minute has _____ seconds.
   (mIn-It) minuto *(jeaz)* tiene (?) *(sek-enDz)* segundos

10. An hour has _____ minutes.
    (aur) hora *(jeaz)* tiene (?) *(mIn-Its)*

11. A week has _____ days.
    (uik) semana (?) *(Deiz)* días

12. A year has _____ months.
    (yIr) año (?) *(mandz)* meses

13. A year has _____ weeks.
    (?) *(uiks)* semanas

14. A year has _____ days.
    (?)

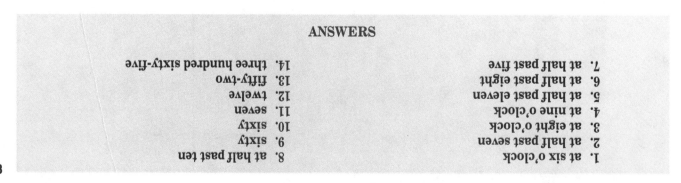

ANSWERS

1. at six o'clock
2. at half past seven
3. at eight o'clock
4. at nine o'clock
5. at half past eleven
6. at half past eight
7. at half past five
8. at half past ten
9. sixty
10. sixty
11. seven
12. twelve
13. fifty-two
14. three hundred sixty-five

48

¿Se acuerda de los saludos? Es un buen momento para revisarlos ya que siempre serán importantes.

(eat) (eit) (o-klak) (mor-nIng) (uan) (sez) (mIs-Iz) (lu-Is)
At eight o'clock in the morning, one says "Good morning, Mrs. Lewis."
dice   Señora

(uat) (Du) (ui) (sei)
What do we say? _Good morning, Mrs. Lewis._
qué   decimos

(eat) (eaf-ter-nun) (sez) (mIs-ter)
At one o'clock in the afternoon, one says, "Good afternoon, Mr. King."
tarde   Señor

What do we say? _____
nosotros

(eat) (iv-nIng) (sez) (mIs)
At eight o'clock in the evening, one says, "Good evening, Miss Bell."
noche   dice   Señorita

(sei)
What do we say? _____

(ten) (o-klak) (nait) (su-san)
At ten o'clock in the evening, one says, "Good night, Susan."
buenas   noches

What do we say? _____

(sam) (dIngz) (jeav) (DIf-er-ent)
Some things have different names in England que **in the United States.** Dependiendo en
algunas cosas tienen

(fal-o-Ing)
dónde **you travel, you** probablemente oirá **one of the following words.**
siguientes

Español	English/United States	English/England
correo	(meil) **mail**	(post) **post**
gasolina	(geas-a-lin) **gasoline**	(pet-rol) **petrol**
servilleta	(neap-kIn) **napkin**	(ser-vi-et) **serviette**
suéter	(suet-er) **sweater**	(Jamp-er) **jumper**
ascensor	(el-a-vei-tor) **elevator**	(lIft) **lift**

Here are dos *(vurbz)* **verbs** nuevos para el capítulo 13.

(it)
eat _____
comer

(DrInk)
drink _____
beber

(it)
eat
comer

(DrInk)
drink
beber

I _____ the **soup.** *(sup)*
                                       sopa

He _____ a **steak.** *(steik)*
She   bistec

You _____ *eat* _____ a **lot.** *(lat)*
                                   mucho

We _____ **nothing.** *(na-dIng)*
                                           nada

They _____ the **fish.** *(fIsh)*
                                             pescado

I _____ the **milk.**

He _____ **white wine.** *(uait) (uain)*
She

You _____ **beer.**

We _____ a **glass of water.** *(gleas) (ua-ter)*

They _____ **tea.**

Como **you** probablemente lo ha notado, el sonido de la letra "a" en inglés varía enormemente.

Here are algunos ejemplos.

(tek-ses) **Texas**	*(kean-a-Da)* **Canada**	*(salt) (leik) (sI-ti)* **Salt Lake City**	*(Ing-lenD)* **England**	*(yu-ta)* **Utah**

- ☐ **package** *(peak-IJ)* .... el paquete _____
- ☐ **page** *(peiJ)* .... la página _____
- ☐ **paint** *(peint)* .... la pintura **p** _____
- ☐ **pair** *(per)* .... el par _____
- ☐ — **pair of shoes** *(per)(av)(shuz)* .... un par de zapatos _____

50

You ha aprendido muchas cosas en los últimos capítulos **and** eso significa que es hora de tomar

una prueba. No se asuste, *(dIs)* **this is** solamente para **you and** nadie más necesita saber *(jau)* **how you**

recuerda **and** *(uat)* **what you** necesita estudiar con más detención. Después de que **you** termine,

revise sus *(ean-serz)* **answers** en el glosario al final del **book**. Marque con un círculo **the correct answers.**
respuestas

coffee -	té	café
no -	sí	no
aunt -	tía	tío
or -	y	o
learn -	beber	aprender
night -	tarde	noche
Tuesday -	viernes	martes
speak -	hablar	vivir
summer -	invierno	verano
money -	dinero	página
ten -	diez	nueve
many -	muchos	pan

family -	siete	familia
children -	niños	abuelo
milk -	cerveza	leche
salt -	pimienta	sal
under -	debajo de	sobre
doctor -	hombre	doctor
June -	junio	julio
kitchen -	cocina	religión
I have -	yo quisiera	yo tengo
stay -	ir	quedarse
yesterday -	ayer	mañana
closed -	abierto	cerrado

How are you?   *¿Qué hora es?*   *¿Cómo está usted?*   Bueno, **how are you** después de

este examen?

☐ **pants** *(peants)* . . . . los pantalones _____
☐ **paper** *(pei-per)* . . . . el papel _____
☐ **pardon** *(par-Den)* . . . . el perdón **p** _____
☐ **park** *(park)* . . . . el parque _____
☐ **part** *(part)* . . . . la parte _____

(nord) *(saud)* *(ist)* *(uest)*
North - South, East - West
norte   sur   este   oeste

(yu)   *(meap)*
Si **you** está mirando **a map and you** ve las **words** siguientes, no debería ser **very difficult**
     mapa   *(ver-i)* *(DIf-a-kalt)*   difícil

(uat) *(dei)*
saber **what they** significan. Adivínelas usando la lógica.

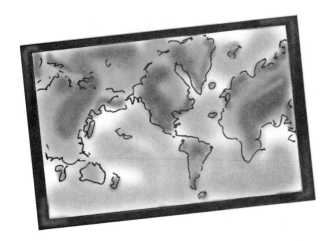

(nord) *(a-mer-a-ka)*   *(saud)* *(a-mer-a-ka)*
North America   **South America**

(nord) *(pol)*   *(saud)* *(pol)*
North Pole   **South Pole**

(ist) *(kost)*   *(uest)* *(kost)*
East Coast   **West Coast**

(nor-dern) *(air-lenD)*   *(af-ra-ka)*
Northern Ireland   **South Africa**

The English words for "norte," "sur," "este" y "oeste" **are** fáciles de reconocer debido a **the**

(sIm-a-ler-a-tiz)   *(ver-i)* *(Im-por-tent)*   *(tu-Dei)*
similarities al **Spanish.** Estas **words are very important.** ¡Apréndalas **today!**

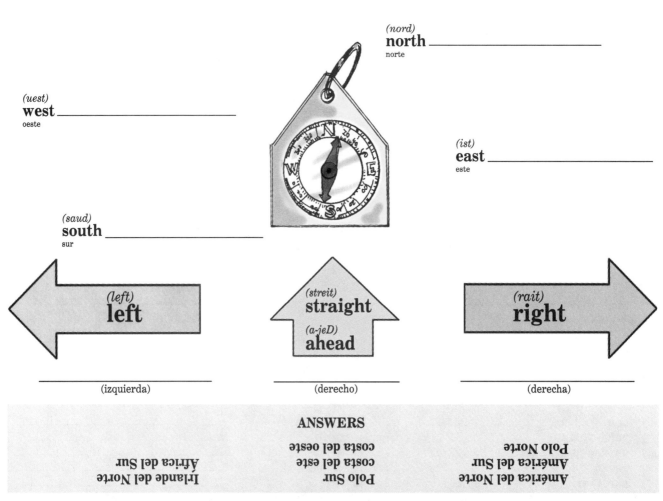

(nord)
north _____
norte

(uest)
west _____
oeste

(ist)
east _____
este

(saud)
south _____
sur

(left)
left

(streit)
straight

(a-jeD)
ahead

(rait)
right

(izquierda)   (derecho)   (derecha)

ANSWERS

costa del oeste

Irlande del Norte   costa del este   América del Sur
África del Sur   Polo Sur   Polo Norte   América del Norte

Así como **in Spanish,** estas **words** le ayudarán mucho.

(pliz)
please _____
por favor

(deank) (yu)
thank you _____
gracias

(eks-kiuz) (mi)
excuse me _____
perdóneme

(yor) (uel-kam)
you're welcome _____
ino hay de que!

(jIr) (tu) (tIp-a-kol) (kan-ver-sei-shenz)
Here are two typical conversations for una persona que está buscando un sitio particular.
típicas   conversaciones   para

Ed:
(eks-kiuz) (mi) (uer) (tau-er) (jo-tel)
Excuse me. Where is the Tower Hotel?
perdóneme   torre

Excuse me. Where is the Tower Hotel?

Pam:
(go) (mor) (blaks) (turn) (left) (sek-enD) (strit)
Go two more blocks and turn to the left at the second street.
vaya   más   cuadras   de vuelta   segunda   calle

_____

(rait)
The Tower Hotel is on the right.

_____

Anne:
(eks-kiuz) (mi) (uaks) (miu-zi-em)
Excuse me. Where is the Wax Museum?
perdóneme   cera   museo

_____

Tom:
(rait) (jIr) (kan-tIn-yu) (streit) (a-jeD) (a-prak-sa-mIt-li) (fit)
Turn to the right here and continue straight ahead approximately 50 feet.
de vuelta   continúe   aproximadamente   pies

(den) (left) (miu-zi-em) (kor-ner)
Then turn to the left and the museum is on the corner.
luego   esquina

_____

❑ **party** *(part-i)* . . . . el partido   _____
❑ **passenger** *(peas-en-Jer)* . . . . el pasajero   _____
❑ **passport** *(peas-port)* . . . . el pasaporte   **p** _____
❑ **peace** *(pis)* . . . . la paz   _____
❑ **period** *(pIr-i-ID)* . . . . el período   _____

¿Está usted perdido? No debería estar perdido si **you** aprendió las **direction words** (DI-rek-shen) básicas.
dirección

No trate de memorizar estas **conversations** (kan-ver-sei-shenz) porque probablemente **you** nunca necesitará encontrar

exactamente estos lugares. Algún día, **you** necesitará posiblemente pedir **directions** al **Silver** (sIl-ver)
plata

Spoon (spun) **Restaurant or the Denver** (Den-ver) **Art** (art) **Museum.** Aprenda **the direction words** (DI-rek-shen) claves **and**
cuchara   museo de arte

llegará sin problemas a su **destination.** (Des-te-nei-shen) **You** quizás quiera comprar una guía para comenzar a
destino

planear a qué lugares **you** le gustaría visitar. Practique pidiendo instrucciones de cómo llegar a

estos lugares especiales. ¿Qué haría usted si **the person** (per-san) con quien está hablando respondiera muy
persona

rápido a su **question** (kues-chen) y usted no puede comprender todo? Simplemente pregunte otra vez, diciendo,
pregunta

Excuse me. (eks-kiuz) (mi) **I** (ai) **do** (Du) **not** (nat) **understand.** (an-Der-steanD) **Please** (pliz) **speak** (spik) **slowly** (slo-li) **and repeat** (ri-pit) **your** (yor) **answer.**
perdóneme   yo   no   comprendo   despacio   repita
Thank (deank) **you.** (yu)
gracias

Now, dígalo una vez más **and then** escríbalo abajo.

_____

(Perdóneme. No comprendo. Por favor hable despacio y repita la respuesta.)

Yes, it is difficult al principio, pero no se de por vencido. **When** le repitan las instrucciones,

you podrá entender si es que **you** ha aprendido las preguntas claves. Repasemos.

derecha

(norte)

(oeste)

(este)

izquierda

(sur)

☐ **person** (per-san)	la persona		_____
☐ **piano** (pi-ean-o)	el piano		_____
☐ **plan** (plean)	el plan	**p**	_____
☐ **plant** (pleant)	la planta		_____
☐ **plate** (pleit)	el plato		_____

(¡Ir) *(nu)* *(vurbz)*
Here are four new verbs.
nuevos verbos

(ueit) *(for)*
wait for _____

(sel)
sell _____
vender

(an-Der-steanD)
understand _____
comprender

(ri-pit)
repeat _____
repetir

Como de costumbre, diga cada oración en voz alta. Diga cada una de **the words** cuidadosamente,

pronunciando cada sonido en **English** lo mejor que **you** pueda.

(ueit) *(for)*
wait for
esperar

(plein)
I _____ the **plane.**

(trein)
He _____ the **train.**
She   tren

You ___*wait for*___ the **taxi.**

(maik) *(In)*
We _____ **Mike in** the **restaurant.**

(lIn-Da) *(eat)*
They _____ **Linda at** the **hotel.**

(an-Der-steanD)
understand
comprender

I _____ **English.**

He _____ **Spanish.**
She

(french)
You _____ **French.**

(men-yu)
We _____ the **menu.**

(chai-niz)
They _____ **Chinese.**
chino

(sel)
sell
vender

(flau-erz)
I _____ **flowers.**

(frut)
He _____ **fruit.**
She   fruta

(Jeak-et)
You _____ a **jacket.**
chaqueta
(ba-nean-az)
We _____ **bananas.**
plátanos
(ei) *(lat)* *(av)* *(tIk-ets)*
They _____ a **lot of tickets.**
muchos   billetes

(ri-pit)
repeat
repetir

What? What? What?

I _____ the **word.**

He _____ the **answer.**
She

You _____ the **names.**

(les-en)
We ___*repeat*___ the **lesson.**
lección

They _____ the **verbs.**

❑ **point** *(point)*	el punto	_____
❑ **— viewpoint** *(viu-point)*	el punto de vista	_____
❑ **police** *(po-lis)*	policía	**p** _____
❑ **port** *(port)*	el puerto	_____
❑ **possible** *(pas-a-bol)*	posible	_____

(ap-sterz)   *(Daun-sterz)*
Upstairs - Downstairs
arriba   abajo

(ui) *(lern)* *(mor)*   *(jIr)*   *(jaus)*
Now we learn more words. Here is a house in the United States. Vaya a su **bedroom and**
nosotros aprendemos más   casa

(rum)   *(neimz)*   *(dIngz)*
mire alrededor de **the room. Aprendamos the names of the things in the bedroom,** así como
                  cuarto   cosas

(ui)   *(jaus)*
we aprendimos las varias partes de **the house.**

(beD-rum)   *(ap-sterz)*
The bedroom is upstairs.
dormitorio   arriba

(kla-set)
closet _____
ropero

(beD)
bed _____
cama

(pIl-o)
pillow _____
almohada

(bleing-kIt)
blanket _____
cobija/manta

(a-larm) *(klak)*
alarm clock _____
despertador

(lIv-Ing) *(rum)*   *(Daun-sterz)*
The living room is downstairs.
sala   abajo

_____
(dónde)

_____ **is the bedroom?**
(dónde)

☐ **practice** *(preak-tIs)*	la práctica	_____
☐ **precious** *(presh-es)*	precioso	_____
☐ **precise** *(pri-sais)*	preciso	**p** _____
☐ **prepare** *(pre-per)*	preparar	_____
☐ **present** *(prez-ent)*	presente	_____

Despegue los **five** adhesivos **and** péguelos en estas **things in** su **bedroom.** Entremos en **the**

bathroom and hagamos lo mismo. Recuerde, aunque **bathroom** significa un cuarto de baño,

también significa un cuarto con un excusado. Si **you are in a restaurant and** *(res-ta-rant)* *(yu)* **you**

need *(niD)* usar el excusado, **you** quiere preguntar por **the restrooms.** *(rest-rumz)* **Public** *(pab-lIk)*
servicios públicos

restrooms *(rest-rumz)* están marcados **M and W.** No los vaya a confundir.

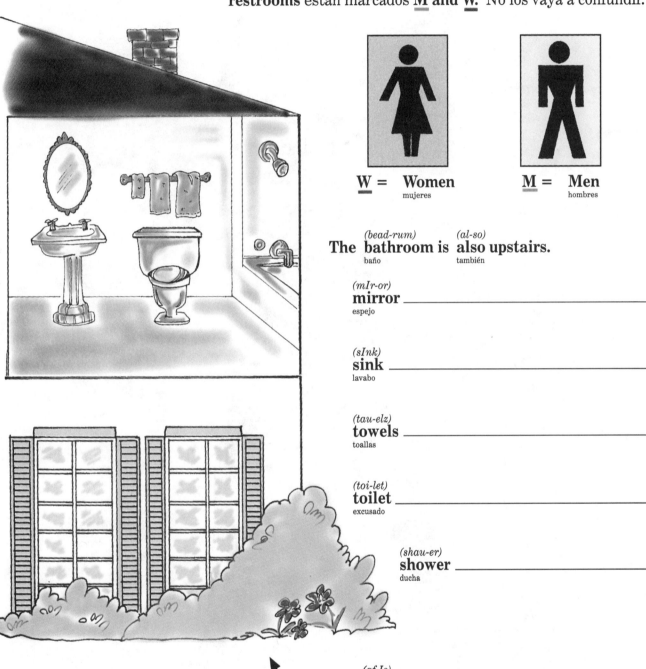

W = **Women**
mujeres

M = **Men**
hombres

The bathroom is also upstairs.
(bead-rum) baño   *(al-so)* también

mirror *(mIr-or)* _____
espejo

sink *(sInk)* _____
lavabo

towels *(tau-elz)* _____
toallas

toilet *(toi-let)* _____
excusado

shower *(shau-er)* _____
ducha

The office is also downstairs.
(af-Is) oficina

☐ **price** *(prais)* . . . . el precio
☐ **problem** *(prab-lem)* . . . . el problema
☐ **product** *(praD-ekt)* . . . . el producto   **p**
☐ **professor** *(pro-fes-er)* . . . . el profesor
☐ **program** *(pro-gream)* . . . . el programa

_____
_____
_____
_____
_____

No se olvide de despegar el próximo grupo de adhesivos **and** de ponerlos en las cosas de su **bathroom.** Muy bien, es hora de repasar. Aquí hay un rápido examen para ver qué es lo que **you** recuerda.

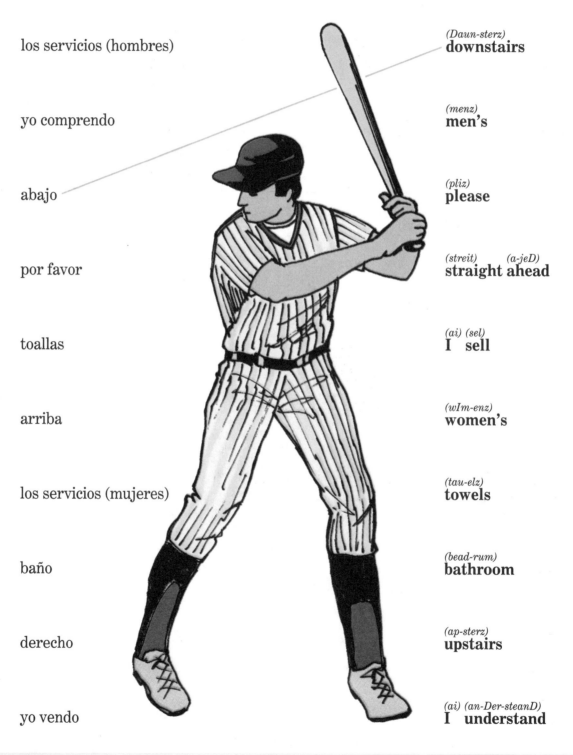

los servicios (hombres)   *(Daun-sterz)* **downstairs**

yo comprendo   *(menz)* **men's**

abajo   *(pliz)* **please**

por favor   *(streit)* *(a-jeD)* **straight ahead**

toallas   *(ai)* *(sel)* **I sell**

arriba   *(wIm-enz)* **women's**

los servicios (mujeres)   *(tau-elz)* **towels**

baño   *(bead-rum)* **bathroom**

derecho   *(ap-sterz)* **upstairs**

yo vendo   *(ai)* *(an-Der-steanD)* **I understand**

☐ **prohibited** *(pro-jIb-I-tID)*. . . . . prohibido _____
☐ **promise** *(pram-Is)* . . . . la promesa _____
☐ **prompt** *(pramt)* . . . . pronto, puntual **p** _____
☐ **pronunciation** *(pro-nan-si-ei-shen)* . . . . la pronunciación _____
58 ☐ **public** *(pab-lIk)*. . . . . público _____

La próxima parada — the $\overset{(af\text{-}Is)}{\underset{\text{oficina}}{\textbf{office,}}}$ específicamente the $\overset{(tei\text{-}bol)}{\textbf{table}}$ or the $\overset{(Desk)}{\textbf{desk}}$ in the office. $\overset{(af\text{-}Is)}{}$ $\overset{(uat)}{\textbf{What is}}$
$\overset{(Desk)}{\textbf{on the desk?}}$ Identifiquemos **the things** que normalmente se encuentran **on the desk** or $\overset{(Desk)}{}$

esparcidas por **the** $\overset{(jaus)}{\textbf{house.}}$

$\overset{(tel\text{-}e\text{-}vI\text{-}shen)}{\underset{\text{televisión}}{\textbf{television}}}$

$\overset{(pen\text{-}sol)}{\underset{\text{lápiz}}{\textbf{pencil}}}$

$\overset{(pen)}{\underset{\text{pluma}}{\textbf{pen}}}$

_____

_____

$\overset{(kam\text{-}pu\text{-}ter)}{\underset{\text{computadora}}{\textbf{computer}}}$

$\overset{(pei\text{-}per)}{\underset{\text{papel}}{\textbf{paper}}}$

_____

_____

$\overset{(treash)\ (kean)}{\underset{\text{cesto para papeles}}{\textbf{trash can}}}$

trash can

$\overset{(nuz\text{-}pei\text{-}per)}{\underset{\text{periódico}}{\textbf{newspaper}}}$

$\overset{(meag\text{-}a\text{-}zin)}{\underset{\text{revista}}{\textbf{magazine}}}$

$\overset{(buk)}{\underset{\text{libro}}{\textbf{book}}}$

$\overset{(glea\text{-}sez)}{\underset{\text{gafas}}{\textbf{glasses}}}$

_____

_____

_____

No olvide estos esenciales.

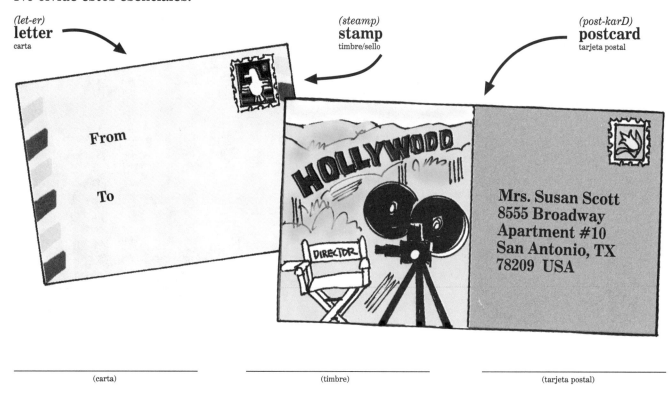

(let-er)
letter
carta

(steamp)
stamp
timbre/sello

(post-karD)
postcard
tarjeta postal

From

To

Mrs. Susan Scott
8555 Broadway
Apartment #10
San Antonio, TX
78209 USA

_____ (carta)

_____ (timbre)

_____ (tarjeta postal)

You puede comprar sobres aéreos especiales **or** aerogramas que son más baratos para mandar al extranjero. **In the United States,** cada estado tiene una abreviación. **For example,** el estado de California se abrevia **CA** and Texas se abrevia **TX.** No se olvide de escribir la ciudad **and** el estado en toda su correspondencia así como el código postal. El código postal (**zip code**) *(zIp) (koD)* es **a number with five** dígitos que debe ser incluído en la dirección.

Now, pegue los adhesivos en estas **things in your office.** *(af-Is)* No se olvide de decir estas **words** en voz alta cuando **you** las **write,** *(rait)* escribe **you** las vea **or you** pega los adhesivos. Recuerde **not** *(nat)* no **is** muy útil **in English.** Simplemente agregue **not** para convertir una oración al negativo.

(wuD) *(gleas)*
I would like a glass of wine.

(nat)
I would not like a glass of wine.

Simple, ¿no es así? **Now,** después que complete los espacios en blanco en la página siguiente,

☐ **receipt** *(rI-sit)* .... el recibo
☐ **region** *(ri-Jen)* .... la región
☐ **regular** *(reg-yu-ler)* .... regular
☐ **religion** *(ri-lIJ-en)* .... la religión
☐ **repair** *(ri-per)* .... la reparación

r

_____
_____
_____
_____
_____

vuelva atrás una segunda vez y convierta a negativo todas las oraciones agregando " **not**."

Practique diciendo las oraciones en voz alta varias veces. No se desanime. Tan sólo vea cuánto **you** ha aprendido **and** piense en las hamburguesas, posiblemente un parque de diversiones **and** muchas aventuras.

(si)
see _____
ver

(slip)
sleep _____
dormir

(senD)
send _____
mandar

(fainD)
find _____
encontrar

(si)
see
___
ver

I _____ the *(stea-tiu)* **Statue** of *(lIb-er-ti)* **Liberty.**
Estatua   de   la Libertad

He _____ the *(jaus-ez)* **Houses** of *(par-le-ment)* **Parliament.**
She   Parlamento

You _____ the *(uait)* **White** *(jaus)* **House.**
La Casa Blanca

We _____ the *(pa-sI-fIK)* **Pacific** *(o-shen)* **Ocean.**
Océano Pacífico

They _____ the *(tau-er)* **Tower** of *(lan-Den)* **London.**
Torre   de   Londres

(senD)
send
mandar

I _____ the *(let-er)* **letter.**
carta

He _____ the *(post-karD)* **postcard.**
She

You _send_____ the *(buk)* **book.**

We _____ *(for)* **four** postcards.

They _____ *(dri)* **three** letters.

(slip)
sleep
dormir

I _____ in the *(beD-rum)* **bedroom.**

He _____ in the **bed.**
She

You _____ in the **hotel.**

We _____ in the *(jaus)* **house.**

They _____ under the *(bleing-kIt)* **blanket.**
cobija/manta

(fainD)
find
encontrar

I _____ the *(steamp)* **stamp.**

He _____ the *(nuz-pei-per)* **newspaper.**
She   periódico

You _____ the *(glea-sez)* **glasses.**
gafas

We _____ the *(meag-a-zin)* **magazine.**
revista

They _____ the *(flau-erz)* **flowers.**

☐	**repeat** *(ri-pit)*	repetir	_____
☐	**— please repeat** *(pliz)(ri-pit)*	repita por favor	_____
☐	**reservation** *(rez-er-vei-shen)*	la reservación	**r** _____
☐	**residence** *(rez-e-Dens)*	la residencia	_____
☐	**respect** *(rI-spekt)*	el respeto	_____

Antes que **you** continúe **with** el próximo capítulo, **please identify** los objetos **below.**

(nuz-pei-per)
newspaper

(steamp)
stamp

(treash) (kean)
trash can

(post-karD)
postcard

(buk)
book

(pei-per)
paper

(pen)
pen

(pen-sol)
pencil

(let-er)
letter

(glea-sez)
glasses

(meag-a-zin)
magazine

(tel-e-vI-shen)
television

(kam-pu-ter)
computer

☐ **rest** *(rest)* .... el resto
☐ **restaurant** *(res-ta-rant)* .... el restaurante
☐ **rich** *(rIch)* .... rico   **r**
☐ **rose** *(roz)* .... la rosa
☐ **route** *(raut)* .... la ruta

16   The Mail
(meil)

correo

You now sabe contar, hacer **questions,** usar **verbs with** la "fórmula de conexión," hacer oraciones **and** describir algunas cosas, la dirección de **a hotel or the color of a house.** *(kal-ur)* Tomemos las partes básicas que **you have** aprendido **and** aumentémoslas en áreas especiales que le ayudarán mucho en sus viajes. ¿Qué es lo que hace una persona cuando está de vacaciones? ¡Manda **postcards,** por supuesto! Aprendamos exatamente cómo funciona **the American post office.** *(post)* *(af-Is)*

oficina de correos

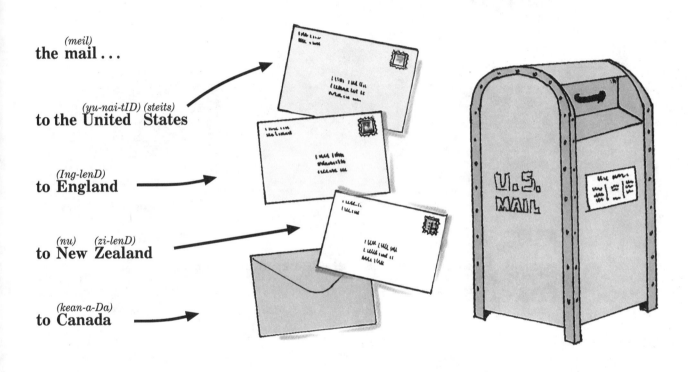

the mail ... *(meil)*

to the United States *(yu-nai-tID)* *(steits)*

to England *(Ing-lenD)*

to New Zealand *(nu)* *(zi-lenD)*

to Canada *(kean-a-Da)*

At the post office you can buy stamps, and mail postcards, letters and packages. Si usted
(af-Is)   *(steamps)*   *(meil)* *(post-karDz)* *(let-erz)* *(peak-I-Jez)*
oficina de correos   timbres   enviar   paquetes

quiere mandar **a telegram,** usted necesita ir **to the telegraph office or** llamar **the office from**
(tel-e-gream)   *(tel-e-greaf)* *(af-Is)*   *(fram)*
telegrama   oficina telegráfica

your hotel. The post office is closed on Sundays.
(yor)   *(klozD)*
su   cerrado

❏ **sack** *(seak)*	el saco		_____
❏ **salary** *(seal-e-ri)*	el salario		_____
❏ **salmon** *(sam-en)*	el salmón	**S**	_____
❏ **salt** *(salt)*	la sal		_____
❏ **salute** *(sa-lut)*	el saludo		_____

Here are algunas words necesarias for the post office.
oficina de correos

(let-er)
letter

(post-karD)
postcard

(peak-IJ)
package
paquete

(tel-e-gream)
telegram

(er-meil)
airmail
por avión

(feaks)
fax
fax

(steamp)
stamp

(tel-e-fon) *(bud)*
telephone booth
cabina

(meil-baks)
mailbox
buzón

(tel-e-fon)
telephone

☐ **sandal** *(sean-Dol)*	la sandalia	
☐ **sardine** *(sar-Din)*	la sardina	
☐ **sauce** *(sas)*	la salsa	**S**
☐ **season** *(si-zen)*	la estación	
☐ **second** *(sek-enD)*	la segunda	

La próxima parada — haga **questions** como aquellas *(bi-lo)* **below,** dependiendo de lo que **you** *(uant)* **want.**
abajo   quiere

Repita en voz alta estas oraciones varias veces.

(uer) *(kean)* *(ai)(bai)*
Where can I buy stamps?_____

(ai)(bai)
Where can I buy a postcard? _____

(ei)
Where is a telephone? _____

(meil-baks)
Where is a mailbox? _____
buzón

(bud)
Where is a telephone booth? _____
cabina

(ai)(senD) *(peak-IJ)*
Where can I send a package? _____
paquete

(kean) *(meik)* *(kal)*
Where can I make a telephone call? _____
puedo   hacer   llamada

(jau) *(mach)* *(kast)*
How much does it cost? _____
¿Cuánto cuesta?

Now, interróguese usted mismo. Vea si **you** puede traducir las oraciones siguientes al **English.**

1. ¿Dónde hay una cabina de teléfono?_____

2. ¿Dónde puedo llamar por teléfono? _____

3. ¿Dónde puedo hacer una llamada local? _____

4. ¿Dónde está la oficina de correos? _____

5. ¿Dónde puedo comprar timbres? _____

6. ¿Timbres de correo aéreo? _____

7. ¿Dónde puedo mandar un paquete? _____

8. ¿Dónde puedo mandar un fax?_____

Here are more verbs.

(meik)
make _____
hacer

(rait)
write _____
escribir

(sho)
show _____
mostrar

(pei)
pay _____
pagar

Practique estos verbos no sólo completando los espacios en blanco, pronúncielos en voz alta muchas, muchas veces hasta que se sienta cómodo con los sonidos y las palabras.

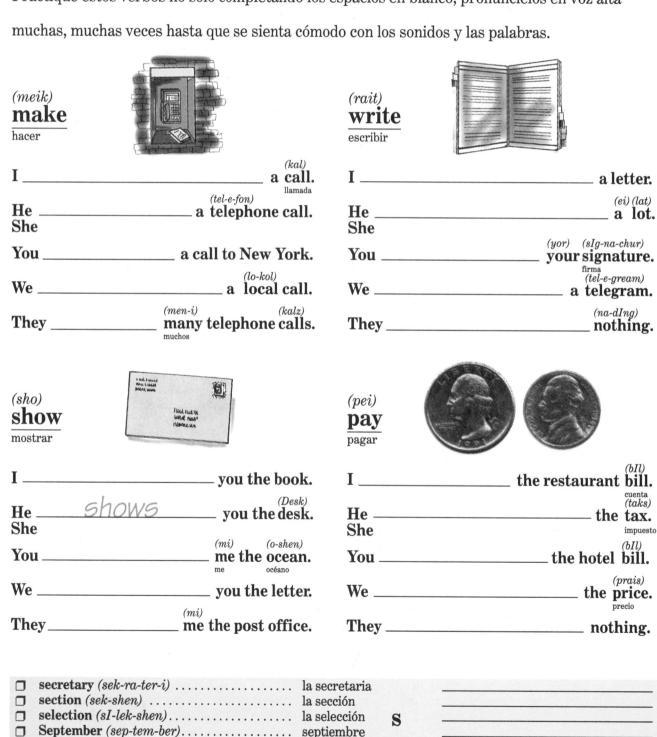

(meik)
make
hacer

I _____ a **call.**
   (kal)
   llamada

He _____ a **telephone call.**
   (tel-e-fon)
She

You _____ a **call to New York.**

We _____ a **local call.**
   (lo-kol)

They _____ **many telephone calls.**
   (men-i)   *(kalz)*
   muchos

(rait)
write
escribir

I _____ a **letter.**

He _____ a **lot.**
   (ei) (lat)
She

You _____ **your signature.**
   (yor) (sIg-na-chur)
   firma

We _____ a **telegram.**
   (tel-e-gream)

They _____ **nothing.**
   (na-dIng)

(sho)
show
mostrar

I _____ **you the book.**

He ~~shows~~ _____ **you the desk.**
   (Desk)
She

You _____ **me the ocean.**
   (mi) (o-shen)
   me   océano

We _____ **you the letter.**

They _____ **me the post office.**
   (mi)

(pei)
pay
pagar

I _____ **the restaurant bill.**
   (bIl)
   cuenta

He _____ **the tax.**
   (taks)
She   impuesto

You _____ **the hotel bill.**
   (bIl)

We _____ **the price.**
   (prais)
   precio

They _____ **nothing.**

☐ **secretary** *(sek-ra-ter-i)*	la secretaria		_____
☐ **section** *(sek-shen)*	la sección		_____
☐ **selection** *(sI-lek-shen)*	la selección	**s**	_____
☐ **September** *(sep-tem-ber)*	septiembre		_____
☐ **service** *(ser-vIs)*	el servicio		_____

Algunas de estas señas **you** probalemente las reconozca, pero tómese unos cuantos minutos para revisarlas de todas maneras.

Wrong Way
camino erróneo

No Parking
no estacionar

Do Not Enter
no entrar

Hospital

Yield
ceder el paso

Speed Limit
límite de velocidad

Handicap Access
acceso para personas desabilitadas

No Passing
no pasar

Stop
pare

DETOUR
desvío

Lo que sigue son conversiones aproximadas para que cuando **you** pida algo por galones, libras **or** onzas **you** tenga una idea de lo que debe esperar **and** no le den un caramelo cuando **you** pensó que **you** pidió una bolsa entera.

Para Convertir		Saque la Cuenta		
litros (l) a galones,	multiplique por 0.26	4 litros x 0.26	=	1.04 galones
galones a litros,	multiplique por 3.79	10 gal. x 3.79	=	37.9 litros
kilogramos (kg) a libras,	multiplique por 2.2	2 kilogramos x 2.2	=	4.4 libras
libras a kilogramos,	multiplique por 0.46	10 libras x 0.46	=	4.6 kgs.
gramos (g) a onzas,	multiplique por 0.035	100 gramos x 0.035	=	3.5 onzas
onzas a gramos,	multiplique por 28.35	10 onzas x 28.35	=	283.5 gms.
metros (m) a pies,	multiplique por 3.28	2 metros x 3.28	=	6.56 pies
pies a metros,	multiplique por 0.3	6 pies x 0.3	=	1.8 metros

Para entretenerse, tome su peso en kilogramos **and** coviértalo a libras. Luego tome su estatura en metros **and** conviértala a pies. ¿Cuántas millas hay desde su casa a la escuela, el trabajo, el correo?

Las Versiones Sencillas		
un litro	=	aproximadamente un US cuarto de galón
cuatro litros	=	aproximadamente un US galón
un kilogramo	=	aproximadamente 2.2 libras
100 gramos	=	aproximadamente 3.5 onzas
500 gramos	=	un poco más de una libra
un metro	=	un poco más de tres pies

La distancia entre New York and Madrid is 3,758 millas. **¿Cuántos kilómetros son? It is 6,460 millas entre San Francisco and Buenos Aires. ¿Cuántos kilómetros son?**

kilómetros (km) a millas,	multiplique por 0.62	1000 kms. x 0.62	=	620 millas
millas a kilómetros,	multiplique por 1.6	1000 millas x 1.6	=	1,600 kms.

Pulgadas 1	2	3	4	5	6	7

Para convertir centímetros a pulgadas, multiplique por 0.39 Ejemplo: 9 cms. x 0.39 = 3.51 pul.

Para convertir pulgadas a centímetros multiplique por 2.54 Ejemplo: 4 pul. x 2.54 = 10.16 cms.

cm 1	2	3	4	5	6	7	8	9	10	11	12	13	14	15	16	17	18

(yes)
Yes, there are also cuentas que pagar **in the United States. You** ha terminado **your** *(Di-lIsh-es)* **delicious**
sí
deliciosa
(mil)
(bIl)
(uei-ter)
(uei-tres)
meal, and you would like the bill. ¿Qué hace usted? **You** llama al **waiter or the waitress:**
comida
cuenta
camarero
camarera
(uei-ter)
(uei-ter)
"Waiter!" The waiter traerá **your bill,** que le indicará lo que usted ha comido **and the prices**

de cada plato. Cuando él ponga **the bill on the table,** él dirá algo como: "*(deank)* *(yu)* **Thank you and**
sobre
(kam) *(a-gen)*
(kea-shIr)
come again. You pagará a **the waiter** o tal vez **you** pagará a **the cashier.**
otra vez
cajero

(ri-turnz)
(cheinJ)
When the waiter returns with your change, él lo pondrá **on the table.** Cuando **you** se
regrese   con   su   cambio
(tIp)
(Jen-er-a-li)
(per-sent)
prepare para salir, se acostumbra dejar a **tip. The tip is generally 15 percent of the bill.**
propina
generalmente
por ciento

Simplemente deje **the tip on the table** para **the waiter or waitress. It can** ser difícil ir a un

popular **restaurant in the United States,** entonces **when you** planee comer fuera, siempre

haga reservaciones. Recuerde, **you know** suficiente **English to make a reservation.**

Simplemente hable lenta **and** claramente.

☐ **signal** *(sIg-nol)*.....................	la señal		_____
☐ **— traffic signals** *(treaf-Ik)(sIg-nolz)*.......	las señales de tráfico		_____
☐ **silence** *(sai-lens)*	el silencio	**S**	_____
☐ **sincere** *(sIn-sIr)*.....................	sincero		_____
☐ **sofa** *(so-fa)*.....................	el sofá		_____

Recuerde estas **words** claves cuando cene **in the United States.**

(uei-ter)
waiter _____

(uei-tres)
waitress _____
camarero   camarera

(bIl)
bill _____
cuenta

(cheinJ)
change _____
cambio

(men-yu)
menu *menu, menu, menu*
menú

(yor) (uel-kam)
you're welcome _____
de nada

(eks-kiuz) (mi)
excuse me _____
perdóneme

(deank) (yu)
thank you _____
gracias

(pliz)
please _____
por favor

(gIv) (mi)
give me _____
dame

Here is un ejemplo de **a conversation** sobre cómo **to** *(pei)* **pay** the *(bIl)* **bill.** **Escriba the conversation**
pagar

en las líneas en blanco.

Steve:	*(eks-kiuz) (mi) (wuD) (laik) (pei) (mai)* **Excuse me. I would like to pay my bill.** *mi*
	_____
(mean-IJ-er) **Manager:** gerente	*(rum) (pliz)* **What room number, please?** *cuarto*
	_____
Steve:	*(dri) (jan-DreD)* **Room three hundred ten.**
	_____
Manager:	*(deank) (yu) (uan) (jIr)* **Thank you. One minute. Here is the bill.**
	_____

Si **you have** algunos *(prab-lemz)* **problems with the numbers,** pídale a alguien que le escriba **the numbers,**
problemas

de manera que **you** pueda comprender todo correctamente, *(pliz)* *(rait)* *(aut)* **Please write out the numbers.**

Practique: _____
(Por favor, escriba los números. Gracias.)

❐ **soup** *(sup)* . . . . la sopa _____
❐ **South American** *(saud)(a-mer-a-ken)* . . . . . . sudamericano _____
❐ **Spanish** *(spean-Ish)* . . . . español   **S** _____
❐ **state** *(steit)* . . . . el estado _____
70 ❐ **— United States** *(yu-nai-tID)(steits)* . . . . los Estados Unidos _____

Dejemos atrás el **money** *(man-i)* y, empezando en **the next page** *(nekst)*, aprendamos algunas **new words** *(nu)*. **You** dinero próxima nuevas

can practicar estas **words** usando las tarjetas de estudio al final de este **book**. Lleve estas fichas

en su bolso, bolsillo, maletín **or** mochilla **and** úselas!

(o-pen)
open
abierto
_____

(klozD)
closed
cerrado
_____

(bIg)
big
grande

(smal)
small
pequeño
_____

(jel-di)
healthy
sano

(sIk)
sick
enfermo
_____

(guD)
good
bueno
_____

(beaD)
bad
malo
_____

(jat)
hot
caliente

(kolD)
cold
frío
_____

(short)
short _____
corta

(lang)
long _____
larga

SPEED LIMIT 20

SPEED LIMIT 65

(slo)
slow _____
despacio

(feast)
fast _____
rápido

(tal)
tall _____
alto

(olD)
old _____
vieja

(short)
short _____
corto

(yang)
young _____
joven

(eks-pen-sIv)
expensive _____
caro

(In-eks-pen-sIv)
inexpensive _____
barato

(rIch)
rich _____
rico

(por)
poor _____
pobre

(ei) (lat)
a lot _____
mucho

(ei) (lI-tel)
a little _____
poco

☐	**tavern** *(teav-ern)*	la taberna	
☐	**taxi** *(teak-si)*	el taxi	
☐	**— taxi driver** *(teak-si)(Drai-ver)*	el taxista	**t**
☐	**tea** *(ti)*	el té	
☐	**— teatime** *(ti-taim)*	la hora del té	

Here are *(mor)* more new verbs.

(kean)
can _____
poder

(no)
know *know, know, know*
saber

(jeav) (tu)
have to _____
tener que

(riD)
read _____
leer

Estudie la "fórmula de conexión" ya que usará **a lot of** *(diz)* **these verbs.**
estos

(no)
know
saber

Broadway Avenue

I _____ *(ev-ri-dIng)* **everything.**
todo

He _____ *(a-Dres)* the **address.**
She   dirección

You _____ *(jau)* how to speak English.

We _____ the name of the hotel.

They _____ your name.

(kean)
can
poder

My name is Anna.

I _____ speak English.

He _____ *(an-Der-steanD)* **understand Spanish.**
She

You _____ *(riD)* **read** the letter.
leer

We _____ *(en-ter)* **enter** the house.

They _____ *(al-so)* **also speak English.**
también

(riD)
read
leer

I _____ the book.

He _____ *(meag-a-zin)* the **magazine.**
She

You _____ *(men-yu)* the **menu.**

We _____ *(ei) (lat)* **a lot.**

They _____ *(nuz-pei-per)* the **newspaper.**

(jeav) (tu)
have to
tener que

I _____ pay the bill.

He *has to* *(stei)* **stay** in the hotel.
She

You _____ *(vIz-It)* **visit** London.
visitar

We _____ *(lern)* **learn** English.

They _____ *(riD)* **read** the book.
leer

☐ **telegram** *(tel-e-gream)*	el telegrama	_____
☐ **telegraph** *(tel-e-greaf)*	el telégrafo	_____
☐ — **telegraph office** *(tel-e-greaf)(af-Is)*	la oficina telegráfica	_____
☐ **telephone** *(tel-e-fon)*	el teléfono	**t** _____
☐ **television** *(tel-e-vI-shen)*	el televisión	_____

73

Observe que **"can,"** **"have to"** y también **would like** *(wuD) (laik)* pueden ser combinados con otro **verb**.

I would like to pay. *(pei)*

I would like to eat. *(it)*

We can enter the bank. *(en-ter)*
entrar

We can pay the bill.

He has to leave. *(jeas) (tu) (liv)*
tiene que   salir

He has to pay the bill.

I would like to learn English. *(lern)*
aprender

I can learn English. *(kean)*

I have to learn English. *(jeav)*

Can you traducir los oraciones **below in English?** The answers are below. *(kean)*

1. Yo puedo hablar inglés. _____

2. Él tiene que pagar ahora. _____

3. Nosotros sabemos la respuesta. _____

4. Ellos pueden pagar la cuenta. _____

5. Ella sabe mucho. _____ *She knows a lot.* _____

6. Yo puedo hablar un poco de inglés. _____

7. Yo no puedo encontrar el hotel. _____

8. Nosotros no podemos comprender inglés. _____

9. Yo quisiera ir a los Estados Unidos. _____

10. Ella lee el periódico. _____

ANSWERS

1. I can speak English.
2. He has to pay now.
3. We know the answer.
4. They can pay the bill.
5. She knows a lot.

6. I can speak a little English.
7. I cannot find the hotel.
8. We cannot understand English.
9. I would like to go to the United States.
10. She reads the newspaper.

Trace *(lainz)* **lines between the words** opuestas **below.** No se olvide de decirlas en voz alta. **Use these**
líneas

words todos los días para describir **the things in your house, your** *(skul)* **school and your office.**
escuela

(bIg)
big

(left)
left

(yang)
young

(por)
poor

(jel-di)
healthy

(lang)
long

(ei) (lat)
a lot

(guD)
good

(jat)
hot

(bi-lo)
below

(slo)
slow

(eks-pen-sIv)
expensive

(a-bav)
above

(smal)
small

(short)
short

(In-eks-pen-sIv)
inexpensive

(ei) (lit-el)
a little

(sIk)
sick

(olD)
old

(feast)
fast

(rait)
right

(kolD)
cold

(rIch)
rich

(beaD)
bad

You know that "grande" significa **"big" in English.** ¿Ha escuchado decir **"Big Apple"** *(ea-pol)*
manzana

refiriéndose a Nueva York **or "Big Ben"** refiriéndose a **the clocktower of Parliament in**

London? Aparte de **"Big Apple,"** hay **many** lugares maravillosos que visitar **in the United**

States. Vaya al puente **Golden Gate in San Francisco,** al **Space Needle in Seattle, and the** *(speis) (ni-Dol)*
Aguja Espacial

many Parques Nacionales. Páselo bien **and** disfrute su nuevo idioma.

☐ **temperature** *(tem-pra-chur)*	la temperatura		_____
☐ **tennis** *(ten-Is)*	el tenis		_____
☐ **terrace** *(ter-Is)*	la terraza	**t**	_____
☐ **time** *(taim)*	el tiempo		_____
☐ **toast** *(tost)*	el pan tostado		_____

19

The *(treav-ol-er)* Traveler *(treav-olz)* Travels
viajero   viaja

(yes-ter-Dei)
Yesterday in London!
ayer

(tu-Dei)
Today in New York!
hoy

(tu-mar-o) *(bas-ten)*
Tomorrow in Boston!
mañana

Viajar **is** fácil **and very** eficiente **in the United States. The United States** está compuesto de

(steits)
50 states, six zonas horarias, **and the** distancia **between New York City and Hawaii is** sobre
estados

las 4,000 millas. **The map** de abajo le dará una idea aproximada del tamaño de esta área. **To**

(ist) *(uest)* *(teiks)* *(a-baut)*
travel from east to west takes about six hours by airplane and six days by car.
toma   cerca de

(treav-olz) *(bai)*
Matt travels by car.
viaja   en

(bai) (er-plein)
Anne travels by airplane.
avión

Chris travels by motorcycle.

(bai) (trein)
Ed travels by train.
viaja   tren

(bai-sa-kol)
Susan travels by bicycle.

Linda travels by bus.

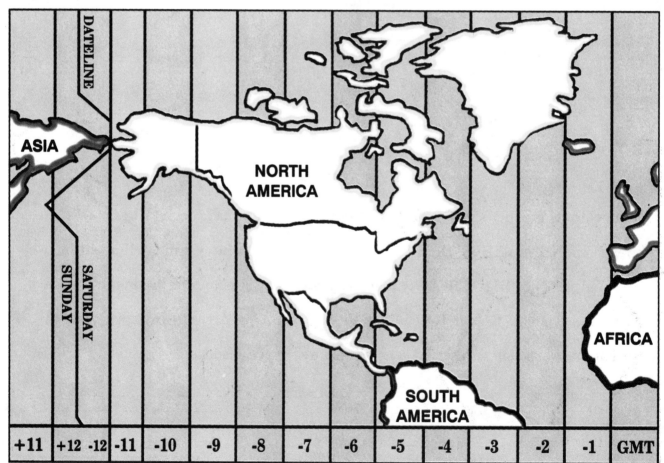

+11	+12	-12	-11	-10	-9	-8	-7	-6	-5	-4	-3	-2	-1	GMT

When you esté viajando, **you** querrá decirle a otros de dónde es **and you** conocerá gentes de todos los rincones del mundo.

(ai) (eam) (fram) (In-Di-a)
I am from India. _____

I am from Belize. _____

I am from Colombia. _____

(bra-zIl)
I am from Brazil. _____

(ar-gen-ti-na)
I am from Argentina. _____

(chI-li)
I am from Chile. _____

(spein)
I am from Spain. _____

(freans)
I am from France. _____

(Ing-lenD)
I am from England. _____

(ai) (eam) (fram) (air-lenD)
I am from Ireland. _____

I am from Cuba. _____

(yu-nai-tID) (steits)
I am from the United States. _____

(pe-ru)
I am from Peru. _____

(pean-a-ma)
I am from Panama. _____

(mek-sI-ko)
I am from Mexico. _____

(por-tiu-gol)
I am from Portugal. _____

(a-streil-lla)
I am from Australia. _____

(kean-a-Da)
I am from Canada. _____

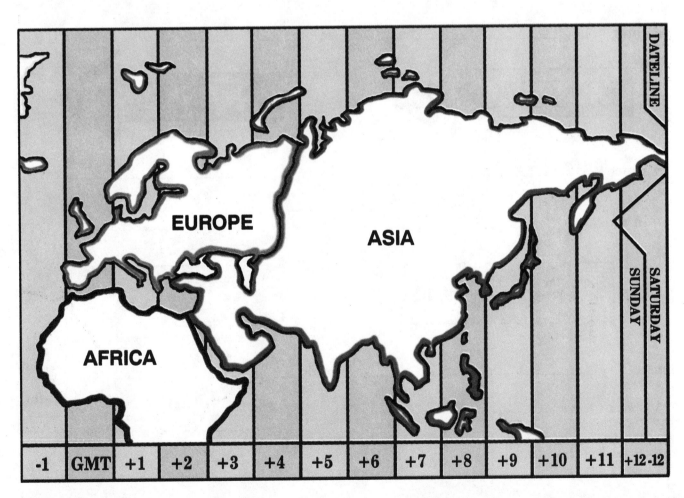

EUROPE

ASIA

AFRICA

DATELINE

SATURDAY

SUNDAY

| -1 | GMT | +1 | +2 | +3 | +4 | +5 | +6 | +7 | +8 | +9 | +10 | +11 | +12 -12 |

Americans love to *(lav)* gusta **travel,** *(treav-ol)* viajar así que **it is not a** **surprise** *(sur-praiz)* sorpresa to **find** *(fainD)* encontrar **many words** basadas en **the**

words "**travel**" **and** "**trip**." *(trIp)* "**Trip**" significa "**viaje**." Practique diciendo **the following words** *(fal-o-Ing)* siguientes

varias veces. **You** las verá **often.** *(a-fen)* a menudo

to travel *(treav-ol)* viajar _____	**travel agency** *(treav-ol) (ei-Jen-si)* agencia de viajes _____
traveler *(treav-ol-er)* viajero _____	**Have a good trip!** *(jeav) (ei) (guD) (trIp)* buen viaje _____

Si **you** prefiere **to go by car,** aquí están algunas **words** claves.

road *(roD)* camino _road, road, road_	**rental car** *(ren-tol)* carro de alquiler _____
street *(strit)* calle _____	**car rental agency** *(ren-tol) (ei-Jen-si)* agencia de carros de alquiler _____
freeway *(fri-uei)* autopista/carretera _____	**gas station** *(geas) (stei-shen)* gasolinera _____

Below are algunas señales que **you should learn** *(shuD)* debe a reconocer rápidamente.

to enter *(en-ter)* entrar _____	**to exit** *(ek-sIt)* salir _____

ENTRANCE   EXIT

entrance *(en-trens)* entrada _____	**exit** *(ek-sIt)* salida _____
main entrance *(mein) (en-trens)* entrada principal _____	**emergency exit** *(I-mer-Jen-si)* salida de emergencia _____

PUSH   PULL

push *(pash)* empuje _____	**pull** *(pal)* tire/jale _____

☐ **tomato** *(ta-mei-to)*	el tomate		_____
☐ **total** *(to-tal)*	total		_____
☐ **tourist** *(tur-Ist)*	el turista	**t**	_____
☐ **towel** *(tau-el)*	la toalla		_____
☐ **tower** *(tau-er)*	la torre		_____

Aprendamos los **travel verbs** básicos. Tome una hoja de **paper and** invente sus propias oraciones **with these new words.** Siga de la misma manera que **you** hizo anteriormente.

(flai)
fly
volar
_____

(a-raiv)
arrive
llegar
_____

(liv)
leave
salir
_____

(cheinJ)
change (buses)
cambiar   (de autobús)
_____

(Draiv)
drive
manejar
_____

(ri-serv)
reserve
reservar
_____

(peak)
pack
empacar
_____

(gIv)   (mi)
give me
dame/deme
_____

Here are some new words for your trip.

(er-port)
the airport
aeropuerto

(pleat-form)
the platform
andén

(flait)   (skeD-Jiul)
flight schedule
horario de vuelo

San Francisco	–	Denver
Departure	Flight No.	Arrival
10:41 A.M.	50	12:41 P.M.
5:40 P.M.	19	7:40 P.M.
6:40 P.M.	22	9:40 P.M.
10:15 P.M.	10	12:15 A.M.
11:32 P.M.	04	2:32 A.M.

(trein)   (stei-shen)
the train station
estación de tren

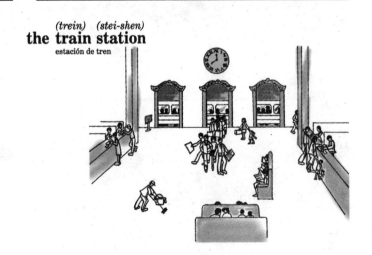

☐ **traffic** *(treaf-Ik)*	el tráfico	_____
☐ **train** *(trein)*	el tren	_____
☐ **tulip** *(tu-lIp)*	el tulipán t	_____
☐ **tunnel** *(tan-el)*	el túnel	_____
☐ **typical** *(tIp-a-kol)*	típico	_____

With these verbs, you are listo para cualquier **trip** (trIp) *viaje* a dondequiera. **You** no debería tener **problems with these verbs,** solamente recuerde la "fórmula de conexión." Use su conocimiento del **English** y traduzca las oraciones siguientes. **The answers are below.**

1. Yo vuelo a los Estados Unidos. _____

2. Yo cambio de avión en Los Angeles. _____

3. Él vuela a Nueva York. _____

4. Nosotros llegamos mañana. _____ *We arrive tomorrow.* _____

5. ¿Dónde está el avión para Miami? _____

6. Ellos viajan a Nueva Zelanda. _____

7. ¿Dónde está el tren para Chicago? _____

8. ¿Cómo puede uno volar al Canadá? ¿Con American o con Air Canada? _____

_____

Here are some important words para el viajero.

Chicago	–	Denver
Departure	**Flight No.**	**Arrival**
4:40 A.M.	19	7:40 A.M.
9:41 A.M.	50	12:41 P.M.
6:00 P.M.	22	9:40 P.M.
9:00 P.M.	10	12:15 P.M.
11:15 P.M.	04	2:32 A.M.

(ak-yu-paiD)
occupied _____
ocupado

(fri)
free _____
libre

(ueit-Ing) (rum)
waiting room _____
sala de espera

(sit)
seat _____
asiento

(Di-par-chur)
departure _____
partida/salida

(a-rai-vol)
arrival _____
llegada

(In-ter-nea-shen-ol)
international _____
internacional

(Do-mes-tIk)
domestic _____
doméstico

ANSWERS

1. I fly to the United States.
2. I change planes in Los Angeles.
3. He flies to New York.
4. We arrive tomorrow.
5. Where is the plane for Miami?
6. They travel to New Zealand.
7. Where is the train to Chicago?
8. How can one fly to Canada? With American or with Air Canada?

Aumente **your** *(treav-ol)* **travel words** escribiendo **the words below and** practicando las oraciones en voz

alta. Practique haciendo preguntas con **"where."** It ayudará más adelante.

(tu)
to _____
a   Where is the plane to Denver?

(geit)
gate _____
puerta de entrada   Does the plane leave from gate nine?

(last)   *(faunD)*
lost and found _____
perdido y encontrado   Where is lost and found?

(por-ter)
porter _____
portero   Where is a porter?

(beag-IJ)   *(kleim)*
baggage claim _____
reclamo de maletas   Where is baggage claim?

(kaun-ter)   Where is the American Airlines counter?
counter _____
tablero   Where is the American Airlines counter?

(flait)
flight _____
vuelo   Is this flight number 1033?

(eks-cheinJ)
exchange _____
cambio de dinero   Where is the exchange counter?

(smok-Ing)   *(sek-shen)*
smoking section _____
sección de fumar   Is this the smoking section?

(nan-smok-Ing)   *(sek-shen)*
non-smoking section _____
sección de no fumar   Where is the non-smoking section?

(sit)
seat _____
asiento   Is this seat free?

(uIn-Do)   *(sit)*
window seat _____
asiento cerca de la ventana   I would like a window seat.

_____ _____ *(Daz)* **does the train arrive?**   _____ _____ *(Iz)* *(pra-blem)* **is the problem?**
(cuándo)   (cuándo)   (qué)   (qué)

☐ **union** *(yun-yen)*	la unión	_____
☐ **unit** *(yu-nIt)*	la unidad	_____
☐ **university** *(yu-ne-ver-se-ti)*	la universidad **u**	_____
☐ **used** *(yuzD)*	usado	_____
☐ **utensil** *(yu-ten-sol)*	el utensilio	_____

81

(kean) *(riD)* *(fal-o-Ing)*
Can you read the following?
siguiente

← You are now *(si-tID)* **seated** on the airplane and you
sentado

are *(flai-Ing)* **flying** to the United States. You *(jeav)* **have**
volando

your money, your ticket, your *(peas-port)* **passport**, and
pasaporte

your *(sut-kei-sez)* **suitcases**. You are now a *(tur-Ist)* **tourist**. You
maletas   turista

(a-raiv) **arrive** tomorrow at 8:00 in the morning.

Have a good *(trIp)* **trip**! Have *(fan)* **fun**!
buen viaje   diviértase

(no)
Como **you know, there are many American** *(er-lainz)* **airlines** que ofrecen una variedad de servicios.
sabe   hay   muchas   aerolíneas

(flaits)   *(nan-stap)*
Some flights are "non-stop." Otros **flights** paran en **different** lugares **and** son llamados
vuelos   sin escalas

(DI-rekt)   *(cheinJ)*
"direct flights." Algunas veces, **you** tendrá que **change planes** para llegar **at your final**
vuelos directos   cambiar

(flait) *(plean)*   *(treav-ol)* *(ei-Jent)*
destination. You puede preguntar sobre **your flight plan with your travel agent** or the
plan de vuelo   agente de viajes

(er-lain)
person at the airline desk.

☐	**vacancy** *(vei-ken-si)*	la vacante	
☐	**vacation** *(vei-kei-shen)*	vacaciones	
☐	**valid** *(veal-ID)*	válido	**v**
☐	**valley** *(veal-i)*	el valle	
☐	**value** *(veal-yu)*	el valor	

These travel words le ayudarán a disfrutar muchísimo de sus vacaciones and será sumamente fácil que usted se divierta más. Revise these new words haciendo el crucigrama below. Ejercite este capítulo seleccionando otros destinos y haciéndose preguntas acerca de trains, buses and airplanes que vayan hacia allá. Seleccione new words from your dictionary *(DIk-sha-ner-i)* and practice *(preak-tIs)*
diccionario
haciendo questions que begin *(bi-gIn)* with WHERE, *(uer)* WHEN, *(uen)* HOW MUCH, *(jau) (mach)* and HOW OFTEN. *(jau) (a-fen)*
empiezan   cuántas veces
The answers al crucigram están al final de la próxima page. Good *(guD)* luck! *(lak)*
buena suerte

HORIZONTAL

1. periódico
2. repetir
3. hombres
4. billete
5. sello/timbre
6. avión
7. saber
8. puerta de entrada
9. vuelo
10. manejar
12. partida
13. autopista
14. debajo de
15. llegada
16. estación
17. ocupado
18. andén
19. empuje
20. estación de tren
21. hacer
22. sin paradas
23. portero
24. buzón
25. viaje

VERTICAL

1. (sección de) no fumar
2. leer
3. hora/tiempo
4. propina
5. entrada
6. cesto para basura
8. reservar
9. volar
10. internacional
11. viajar
12. doméstico
13. catorce
14. mandar
15. aeropuerto
16. horario
17. asiento
18. gracias
19. por favor
20. perdido y encontrado
21. salida
22. tablero
23. camarera
24. pasaporte
25. tren

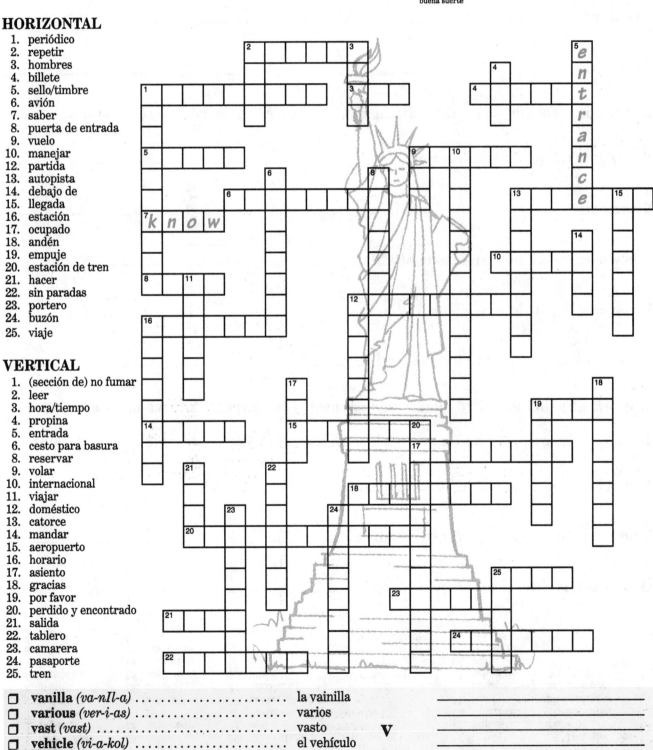

¿Le gustaría averiguar the **(prais) price of tickets?** You know how to **(eask) ask** these questions.
precio — preguntar

**(jau) (mach)
How much is a ticket to New York?** _____

How much is a ticket to Philadelphia? _____
(fIl-a-Del-fi-a)

How much is a ticket to Washington, D. C.? _____
(uash-Ing-tan) (Di) (si)

**(uan-uei)
one-way** _____
una ida

**(raunD) (trIp)
round trip** _____
ida y vuelta

Qué hay de la hora de **(Di-par-churz) (a-rai-volz) departures and arrivals?** You can also **(eask) (diz) ask** these questions.
salidas — llegadas — preguntar

**(uen) (Daz) (liv)
When does the plane leave for New York?** _____

**(Daz) (mai-ea-mi)
When does the train leave for Miami?** _____

**(a-raiv) (eat-lean-ta)
When does the plane arrive from Atlanta?** _____

**(Deal-as)
When does the train arrive from Dallas?** _____

**(port-leanD)
When does the plane leave for Portland?** _____

You ha llegado **in the United States. You are now at the airport. You would like to fly to**

Tampa, or Orlando, or Las Vegas. Dígale eso a la persona vendiendo **tickets** tras del **counter.**

**(wuD) (laik) (go) (or-lean-do)
I would like to go to Orlando.** _____
ir

**(uen) (Daz)
When does the plane leave for Orlando?** _____

**(jau) (mach)
How much is a ticket to Orlando?** _____

Now that you know the essential words para viajar - a través de **the United States, Australia, England or Canada - what are** algunos objetos especiales **or** recuerdos **you** podría buscar?

(blu) (Jinz) (ten-Is) (shuz)
blue jeans and tennis shoes
bluyines   zapatos de tenis

(su-ve-nIrz)
souvenirs
recuerdos

(ti-sherts)
T-shirts
camisetas

souvenirs

(jeanD-meiD) (kreafts)
handmade crafts
artesanías

(sport-Ing) (guDz)
sporting goods
artículos deportivos

(kau-boi) (jeat)
cowboy hat
sombrero de vaquero

Considere usar **INGLÉS** *un mapa del lenguaje*™. **INGLÉS** *un mapa del lenguaje*™ es el acompañamiento perfecto para sus viajes cuando no quiere llevar este libro completo. Cada sección se concentra en palabras esenciales para su **trip**. Su *Mapa del Lenguaje*™ no es para que reemplace su proceso de aprendizaje del **English**, pero le ayudará en caso que olvide algo y necesite un poco de ayuda. Para más información sobre **INGLÉS** *un mapa del lenguaje*™ por favor vea la página 132.

☐ **version** *(ver-zhen)* . . . . la versión
☐ **vinegar** *(vIn-a-ger)* . . . . el vinagre
☐ **violet** *(vai-let)* . . . . la violeta **v**
☐ **violin** *(vai-a-lIn)* . . . . el violín
☐ **visa** *(vi-za)* . . . . la visa

20

The Menu
(men-yu)

menú

You are now *(nau)* in the United States and you have a room *(jeav) (rum)*. You are hungry *(jan-gri)*. Where *(jan-gri)* is a good

cuarto   con hambre   hay

restaurant? Para comenzar, **there are different** clases de lugares donde usted puede comer.

Aprendamos **the names.**

restaurant
(res-ta-rant)

sirve comidas sencillas como sándwiches y tortillas de huevo, o comidas más elegantes como
pescado, mariscos y bistecs, dependiendo de la clase del establecimiento.

fast- food restaurant
(feast) (fuD)

sirve comidas fáciles de preparar (como hamburguesas y papas fritas) en pocos minutos. Usted
puede comer en el restaurante o llevarse la comida a otro lugar.

cafeteria
(keaf-e-tIr-i-a)

ofrece una gran variedad de comida. Los clientes se sirven lo que desean ellos mismos,
seleccionando la comida de un buffet.

sandwich shop
(seanD-uich) (shap)

sirve sándwiches, bebidas y pastas. Generalmente está abierta a la hora del almuerzo y por la
tarde.

Si **you** mira alrededor **in an American restaurant, you** verá que **some customs are different** *(kas-temz)*

costumbres

de las nuestras. **Bread and butter** normalmente se sirven antes de **the meal, some people** *(mil) (pi-pol)*

comida   personas

ponen los codos **on the table** y la manera de vestir generalmente es muy informal. **You** oirá

"Enjoy your meal" *(en-joi) (yor) (mil)* antes de empezar a comer. Le toca practicar **now.**

buen provecho

_____

(buen provecho)

And por lo menos una vez más para practicar!

_____

(buen provecho)

☐	**visit** *(vIz-It)*	visitar	
☐	**vitamin** *(vai-ta-mIn)*	la vitamina	
☐	**vocabulary** *(vo-keab-yu-ler-i)*	el vocabulario **V**	
☐	**voice** *(vois)*	la voz	
☐	**volume** *(val-yum)*	el volumen	

¿Por qué se conocen **the United States?** La tierra de los **restaurants** de comida rápida para llevar!

Experimente con todos. Si **you find** *(fainD)* **a restaurant** que **you** quisiera probar, **you** debería llamar
encuentra

antes para hacer **reservations:** *(rez-er-vei-shenz)* **I would like to make a reservation for two tonight at 6:00.**
reservanes ___ *(wuD)* ___ *(meik)* hacer ___ *(tu-nait)* esta noche

Cuando **you** entre **a restaurant,** un empleado **of the restaurant** llamado the "**host**" *(jost)* or "**hostess**" *(jos-tes)*

le indicará cuál es **your table, and then the** *(den)* **waiter** *(uei-ter)* or **waitress** *(uei-tres)* le traerá **your menu.** *(yor)* **In**
luego mesa camarero su

cafeterias *(keaf-e-tIr-i-az)* **and sandwich** *(seanD-uich)* **shops,** *(shaps)* **you can find** *(fainD)* su propia **table. If you need a menu,** *(niD)* avise a
encontrar necesita

the waiter or waitress, diciendo,

Excuse me. *(eks-kiuz)* *(mi)* **Can** *(kean)* **I** *(ai)* **have** *(jeav)* **a menu, please?** *(pliz)*
perdóneme puedo

(Mesero! Por favor tráigame el menú.)

The waiter *(uei-ter)* le está preguntando se **you** está

satisfecho con **your meal and** si le gustó. Una

sonrisa **and a "Yes, thank** *(deank)* **you,"** *(yu)* le indicará

que **you** está muy satisfecho.

In the United States, you tiene que pedir a **the host or hostess the menu,** si **you** desea ver qué

clase de **meals** *(milz)* **and prices** *(prai-sez)* tienen antes de sentarse. Además de los platos enumerados en **the**
comidas precios

menu, muchos **restaurants** ofrecen "**daily** *(Dei-li)* **specials,"** *(spesh-elz)* los cuales cambian diariamente.
especiales del día

☐	**yacht** *(yat)*	el yate	**y**	_____
☐	**yard** *(yarD)*	la yarda		_____
☐	**zebra** *(zi-bra)*	la cebra	**z**	_____
☐	**zero** *(zIr-o)*	cero		_____
☐	**zoo** *(zu)*	el jardín zoológico		_____

In the United States, there are three *(milz)* **meals** principales todos los días, además de **coffee and** tal

vez **a** *(peis-tri)* **pastry for the** *(tairD)* **tired traveler in the afternoon.**

(peis-tri) pastel   *(tairD)* cansado

(milz) comidas   hay

(brek-fest)
breakfast _____

el desayuno

varía de pan tostado o cereal a huevos, tocino, panqueques y **tea or coffee.**

(lanch)
lunch _____

el almuerzo

generalmente servido de las 12:00 hasta las 2:00. **You can find** cualquier clase de comida, grande

o pequeña.

(DIn-er)
dinner _____

la cena

generalmente servida desde las 6:00 hasta las 10:00. **Dinner is** la comida principal para los

Americans generalmente.

Si **you are** *(treav-ol-Ing)* **traveling with** *(chIl-Dren)* **children in the United States,** pida **the child's** *(chailDz)* **portion.** *(por-shen)* **And,** si **you**

viajando   niños   porción de niño

are probando **the** *(uain)* **wine,** no se olvide de preguntar acerca de **the** *(jaus)* **house wine. Now,** en la parte

posterior **of the book, you** encontrará un ejemplo **of an American menu.** *(riD)* **Read the menu**

lea

(tu-Dei) **today and** *(lern)* **learn the new words.** Cuando **you** esté listo **to** *(liv)* **leave on your trip,** recorte **the menu,**

hoy   aprenda   salir

dóblelo, y guárdelo en su bolsillo, billetera, **or** cartera. Antes de ir, **how** se dicen estas **three**

frases que son **very important** para un **traveler** con hambre?

Disculpe. Quisiera hacer una reservación. _____

¡Buen provecho! _____

¡Camarero! Por favor tráigame el menú. _____

_____ **eats salad?** _____ **drinks tea?**

(quién)   (quién)

_____ **travels to Los Angeles?**

(quién)

_____
(quién)

Tratemos de aprender **the following words** que le ayudarán a identificar qué clase de carne **you can order.**

☐	**beef** *(bif)*	res	_____
☐	**veal** *(vil)*	ternera	_____
☐	**pork** *(pork)*	cerdo	_____
☐	**lamb** *(leam)*	cordero	_____

The menu below tiene las categorías principales you encontrará en la mayoría de los restaurants. Learn them hoy mismo así you las reconocerá fácilmente cuando you cene in the United States. No olvide escribir the words en los espacios below.

(men-yu)
Menu

(eap-a-tai-zerz)
appetizers
aperitivos

_____

(sup)
soup
sopas

_____

(egz)
eggs
huevos

(fIsh)
fish
pescado

_____

(mit)
meat
carne

(pol-tri)
poultry
ave

_____

(veJ-ta-bolz)
vegetables
verduras

_____

(seal-eD)
salad
ensalada

_____

(Di-zerts)
desserts
postres

_____

(seanD-ui-chez)
sandwiches
emparedados

_____

(frut)   *(chiz)*
fruit or cheese
fruta   queso

_____

(peis-triz)
pastries
pasteles

_____

(bev-rI-Jez)
beverages
bebidas

☐	**poultry** *(pol-tri)*	ave	_____
☐	**venison** *(ven-e-zen)*	venado	_____
☐	**cooked** *(kukD)*	cocido	_____
☐	**boiled** *(boilD)*	hervido	_____
☐	**roasted** *(ro-steD)*	asado	_____

You also tendrá **vegetables with your meal and** tal vez **a salad.** Cuando usted vaya al *(veJ-ta-bolz)* / verduras

supermercado, aprenda **the names** de las clases diferentes de **vegetables and fruit,** además *(veJ-ta-bolz)* / *(frut)* / frutas

será una buena experiencia para **you.** **You can** siempre consultar **the menu** en la parte posterior

de **this book** si **you** olvida **the correct name.** **Now you** está sentado **and the waiter arrives.** *(a-raivz)* / llega

Breakfast puede variar desde un liviano desayuno continental a un desayuno con panqueques,

jamón **and** huevos. **Below is an example of** lo que **you** puede desayunar.

Beverages

tea

coffee

(or-enJ) *(Jus)*
orange juice
jugo de naranja
(ta-mei-to)
tomato juice

milk
leche

(saiD) *(or-Derz)*
Side Orders
órdenes extras

pancakes
panqueques

toast
pan tostado

and . . .

(sIr-i-ol)
cereal

fruit

(jeash) *(braunz)*
hash browns
picadillo de papas fritas

butter

(Jeam)
jam
mermelada

Basics

(bei-ken) *(egz)*
bacon and eggs
tocino
(jeam)
ham and eggs
jamón

☐	**fried** *(fraiD)*	frito	_____
☐	**baked** *(beikD)*	al horno	_____
☐	**grilled** *(grIlD)*	a la parilla	_____
☐	**stuffed** *(stafD)*	relleno	_____
☐	**broiled** *(broilD)*	a la plancha	_____

Here is an example de lo que podría elejir para comer por la tarde. Usando su **menu guide on pages 117 and 118,** así como lo que ha aprendido en este capítulo, llene los espacios en blanco, *en español*, con lo que **you** crea su **waiter** le traerá. **The answers are below.**

Appetizer
Traditional Northwest Shrimp Cocktail

_____

Salad
Hot Spinach Salad, served with fresh French bread

_____

Main Course
Grilled Alaska King Salmon with lemon butter and dill

_____

Dessert
Fresh mountain blueberries over homemade ice cream

_____

(cuándo) (cómo) (por qué)

Now es un buen momento para un repaso rápido. Trace líneas entre las palabras correspondientes en inglés **and Spanish.**

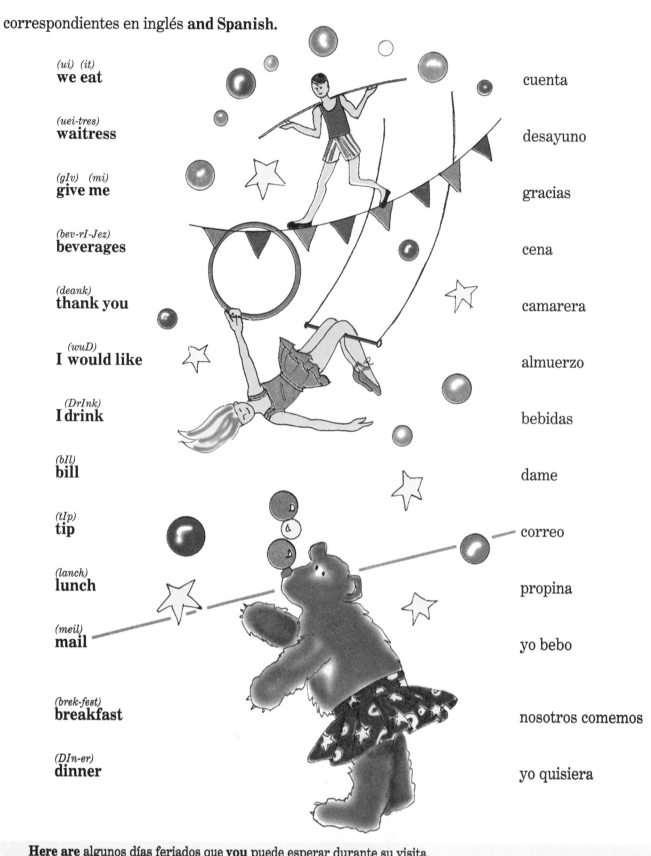

(ui) (it)
we eat

(uei-tres)
waitress

(gIv) (mi)
give me

(bev-rI-Jez)
beverages

(deank)
thank you

(wuD)
I would like

(DrInk)
I drink

(bIl)
bill

(tIp)
tip

(lanch)
lunch

(meil)
mail

(brek-fest)
breakfast

(DIn-er)
dinner

cuenta

desayuno

gracias

cena

camarera

almuerzo

bebidas

dame

correo

propina

yo bebo

nosotros comemos

yo quisiera

Here are algunos días feriados que **you** puede esperar durante su visita.
- ☐ **President's Day** *(pre-zI-Dents)(Dei)* . . . . Día del Presidente _____
- ☐ **Memorial Day** *(me-mor-i-ol)(Dei)* . . . . Día de Conmemoración _____
- ☐ **4th of July** *(ford)(af)(Ju-lai)* . . . . Día de Independencia _____
- ☐ **Thanksgiving** *(deanks-gIv-Ing)* . . . . Día de Acción de Gracias _____

What is *(DIf-er-ent)* **different** acerca de **the telephone** *(tel-e-fon)* **in the United States?** Pues bien, **you** nunca observa

estas cosas hasta que **you** quiere usarlas. No se sorprenda pero **in the United States** hay

telephones in muchos lugares (calles, edificios públicos, hoteles, etc.). Por supuesto, **the**

telephone le permite reservar **hotel rooms in** otra *(sI-ti)* **city,** llamar a *(frenDz)* **friends,** reservar *(di-ei-ter)* **theater,**
ciudad   amigos   teatro

(kan-sert)   *(beal-ei)*
concert or ballet tickets, hacer llamadas de emergencia, comprobar las horas de apertura de
concierto

(miu-zi-em)
a museum, alquilar **a car and** todas las cosas que hacemos diariamente. Además le da más

(lIb-er-ti)
liberty when you can hacer sus propias **telephone** *(kalz)* **calls.**
libertad   llamadas

Tener **a telephone is** muy común **in the United**

States. También es muy fácil para **you to** *(fainD)* **find**

a telephone on the *(strit)* **street, in a restaurant,**
calle

or en el vestíbulo de **your hotel.**

Aprendamos a operar **the telephone.**

(In-strak-shenz)
The instructions parecen complicadas pero
instrucciones

no lo son — algunas de estas **words you**

debería reconocer. Listos? Bueno, antes

you de vuelta **the page** sería una buena

idea volver **and** repasar todos los **numbers**

una vez más.

Para marcar **from the United States** para la mayoría de los países, **you** necesita el código

internacional de ese país. **Your telephone book** debería tener una lista con todos los códigos

Here are algunas **very** útiles **words** relacionadas con **the word, "telephone."**

- ☐ **telephone book** *(tel-e-fon)(buk)* . . . . guía telefónica   _____
- ☐ **telephone booth** *(tel-e-fon)(bud)* . . . . cabina de teléfono   _____
- ☐ **telephone conversation** *(tel-e-fon)(kan-ver-sei-shen)* . . conversación telefónica   _____
- ☐ **operator** *(ap-e-rei-tor)* . . . . operadora   _____

internacioles. Si **you** deja sus **numbers** de contactos con amigos, familia **or** colegas, **you** debe incluir el código del país **and** de la ciudad cuando sea posible. **For example,**

Country Codes		Area Codes *(er-i-a)*	
Australia	61	Denver, Colorado	303
England	44	Miami, Florida	305
Mexico	52	Houston, Texas	713
United States	1	Phoenix, Arizona	602
and Canada		Chicago, Illinois	312

Hacer **a telephone call in the United States, you** encontrará que los **telephone numbers** tienen **seven digits,** *(DI-JIts)* / números por ejemplo, 466-8771. No se olvide **the area code (303) 466-8771. The area codes are** indicados **in the telephone book.** Si **you need information, you call the area code** más 555-1212, por ejemplo, (303) 555-1212 **for Denver.**

Cuando conteste **the telephone,** simplemente diga "**Hello**" *(jel-o)* **and,** si **you** gusta, puede decir **your name** también: "**Hello.** *(jel-o)* **This is** *(dIs)* _____ ."

(su nombre)

Cuando diga hasta luego, diga "**Goodbye.**" *(guD-bai)* Le toca —

_____

(Hola. Es . . .)

_____   _____

(adiós)   (hasta mañana)

No se olvide **you can ask** . . . *(eask)* / preguntar

How much does a call to New York cost? _____

How much does a call to England cost? _____

Here are algunos **important telephone numbers in the United States.** Todos **telephone numbers** que comienzan con (800) **or** (888) son gratis.

- ☐ Operadora . . . . 0 _____
- ☐ Servicio de emergencia (bomberos, policía, hospital) .. 911 _____
- ☐ Información para números (800) . . . . (800) 555-1212 _____

Here are algunos ejemplos. Escríbalos en las líneas en blanco **below.**

(wuD) *(laik)* *(kal)*
I would like to call Chicago. _____
llamar

(eat) *(er-port)*
I would like to call Delta Airlines at the airport. _____
aerolínea

(wuD) *(laik)* *(kal)* *(jas-pI-tal)*
I would like to call the hospital. _____
llamar

(mai)
My number is 738-6750. _____
mi

(uat)
What is your telephone number? _____

What is the number of the hotel? _____

(jel-o) *(dIs)* *(spik)*
Raoul: **Hello, this is Mr. Martinez. I would like to speak to Mrs. King.**
señor   quisiera

_____

(sek-ra-ter-i) *(mo-ment)* *(pliz)* *(sar-i)* *(bat)* *(lain)* *(bIz-i)*
Secretary: **One moment, please. I am sorry but the line is busy.**
momento   lo siento   pero   línea   ocupada

_____

(mor) *(slo-li)*
Raoul: **Please speak more slowly.**
más   despacio

_____

(sar-i) *(bIz-i)*
Secretary: **I am sorry but the line is busy.**

_____

(deank) *(yu)*
Raoul: **Oh. Thank you. Goodbye.**

_____

(spik)
You are now listo para usar cualquier **telephone in the United States.** Simplemente **speak**

(slo-li)
slowly and claramente.

Here are algunos lugares donde se habla **English,** así como otros idiomas que **you** puede desear llamar.
- ☐ **Australia** *(a-streil-lla)*..................... Australia _____
- ☐ **Bahamas** *(ba-ha-maz)*..................... Las Bahamas _____
- ☐ **Belize** *(be-liz)* .... Belice _____
- ☐ **Canada** *(kean-a-Da)* .... Canadá _____

(sab-uei) *(me-tro)*
"Subway," or "metro," is the name para el metro in the United States. In London, el metro

(an-Der-graunD)
se llama the "underground." En ciudades pequeñas y pueblos in the United States and
subterráneo

(trans-por-tei-shen)
England, the bus es el medio de transportation más común.

(sab-uei) *(me-tro)*
subway/metro

(bas)
bus

(sab-uei) *(stei-shen)*
subway station
estación

(teak-si) *(stap)*
taxi stop
parada

(bas) *(stap)*
bus stop
parada

(meaps) *(lains)* *(sab-uei)*
Maps con colores que indican las varias **lines** and **stops** are disponibles at **subway stations and**
mapas   líneas   paradas   estaciones de metro

son gratis. **In London, you need to buy a ticket** para usar **the subway.** **In New York, you**

(to-ken)
need to buy a token. ¿Cómo usa usted **the subway?** Simplemente **observe the name** de la
ficha de metal

(treav-ol-Ing)
última parada **on the line** que **you** debería coger **and** tome **the subway traveling in that**
viajando

- ☐ **England** *(Ing-lenD)* .... Inglaterra   _____
- ☐ **India** *(in-Di-a)* .... India   _____
- ☐ **Ireland** *(air-lenD)* .... Irlanda   _____
- ☐ **New Zealand** *(nu)(zi-lenD)* .... Nueva Zelanda   _____
- ☐ **Puerto Rico** *(puer-to)(ri-ko)* .... Puerto Rico   _____

direction. The mismo aplica **for the bus.** Localice su destino, seleccione la línea correcta en su metro de práctica **and** suba a bordo.

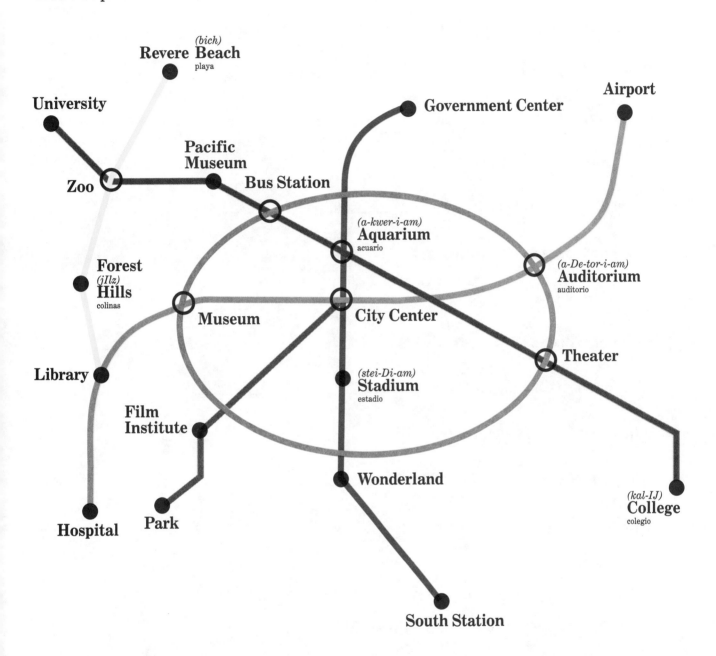

Say these questions en voz alta **and** no se olvide de sus fichas **for the subway.**

Where is the subway station?	Where is the bus stop?
Where is the train station?	Where is the metro stop?

SUBWAY

☐ **Scotland** *(skat-lenD)* . . . . Escocia
☐ **South Africa** *(saud)(af-ra-ka)* . . . . África del Sur
☐ **United States** *(yu-nei-tID)(steits)* . . . . Estados Unidos
☐ **Virgin Islands** *(vIr-Jen)(ai-lenDs)* . . . . Islas Vírgenes
☐ **Wales** *(weils)* . . . . el País de Gales

Practique las siguientes **questions** básicas en voz alta **and then** escríbalas en las líneas en blanco **below.**

1. _(jau)_ _(a-fen)_ _(Daz)_
   How often does the train leave for the university? _____
   cuántas veces

   How often does the bus leave for the airport? _____

   How often does the bus leave for the _(bich)_ **beach?** _____
   playa

2. **When does the train** _(liv)_ **leave?** _____

   When does the bus leave? _____ _When does the bus leave?_ _____

3. **How much does a subway ticket cost?** _____

   How much does a bus ticket cost? _____

   How much does a train ticket cost? _____

   How much does an airplane ticket cost? _____

4. **Where can I buy a ticket for the subway?** _____
   puedo   comprar

   Where can I buy a ticket for the bus? _____

   (kean)
   Where can I buy a ticket for the train? _____

Cambiemos de dirección **and learn three new verbs.** Usted sabe la "formula de conexion," así

que, escriba sus propias oraciones usando **these new verbs.**

(uash)
wash _____
lavar

(luz)
lose _____
perder

(least)
last _____
durar

Here are unos cuantos feriados que recordar.
- ☐ **New Year's Day** _(nu)(yIrs)(Dei)_ . . . . Día de Año Nuevo _____
- ☐ **Easter** _(is-ter)_ . . . . Pascua _____
- ☐ **Labor Day** _(lei-bor)(Dei)_ . . . . Día del Trabajo _____
- ☐ **Christmas** _(krIs-mas)_ . . . . Navidad _____

23

To Sell and to Buy
(sel) *(bai)*

vender   comprar

Ir de compras en un país extranjero **is** divertido. La compra de **a gallon of milk or an apple** es
(geal-en) *(ea-pol)*
galón   manzana

algo que **you** debería **now** hacer rápidamente **and** fácilmente. Por supuesto, **you** comprará

souvenirs, stamps and postcards, pero **don't forget** tantas otras **things** como cordones de
(su-ve-nIrz) *(dont)*
recuerdos   no se   olvide

zapatos **or aspirin** que **you** tal vez necesite inesperadamente. Localice una tienda, marque una
(eas-prIn)
aspirinas

línea hacia ella **and** como siempre, escriba **these new words** en los espacios correspondientes.

(Di-part-ment) *(stor)*
department store _____
gran almacén

(mu-vi) *(di-ei-ter)*
movie theater _____
cine

(post) *(af-Is)*
post office _____
correo

(beank)
bank _____
banco

(jo-tel)
hotel _____
hotel

(geas) *(stei-shen)*
gas station _____
gasolinera

Stores are open from 9:00 in the morning
abierto

hasta 6:00 in the evening. Many stores are

(klozD)
closed on Sunday.
cerrados

(but-cher) *(shap)*
butcher shop
carnicería

(buk-stor)
bookstore
libería

_____

_____

_____
(Drai) (kli-nerz)
dry cleaners
limpieza en seco/lavaseco

_____
(gro-se-ri) (stor)
grocery store
tienda de abarrotes

_____
(Drag-stor)
drugstore
farmacia

PARKING

_____
(park-Ing) (lat)
parking lot
estacionamiento

_____
(nuz-steanD)
newsstand
quiosco de periódicos

_____
(Del-e-ke-tes-en)
delicatessen
tienda de fiambres

_____
(to-beak-o) (shap)
tobacco shop
tabaquería

Hay muchos centros, llamados *(shap-Ing)* **shopping**
centros comerciales

(sen-terz)
centers, where you can find una gran

variedad de **stores and shops.** *(shap-Ing)* **Shopping**

centers are open seven days a week.
días

(treav-ol) (ei-Jen-si)
travel agency
agencia de viajes

(po-lis) (stei-shen)
police station
policía

_____

_____

(Der-i)
dairy
lechería

(flor-Ist)
florist
florería

(veJ-ta-bol) (sel-er) (grin-gro-ser)
vegetable seller/ greengrocer_____
verdulería

_____   _____

(keam-ra)
camera shop _____
tienda de cámaras

(mar-ket)
market _____
mercado

(su-per-mar-ket)
supermarket _____
supermercado

(Ju-ler)
jeweler _____
joyero

(bei-kri)
bakery _*bakery, bakery*_____
panadería

(kaf-i) (shap)
coffee shop _____
café

(lan-Dro-meat)
laundromat _____
lavandería

(af-Is) (sa-plai) (stor)
office supply store
tienda de artículos de oficina

(jer-Dres-er)
hairdresser
peluquería

_____   _____

In the United States, la planta baja se llama
the *(ferst)* **first** *(flor)* **floor** or the *(graunD)* **ground floor.** El
primer piso
próximo piso es el segundo piso, etcétera.

24

The **Department** Store
(Di-part-ment) *(stor)*
gran almacén

A estas alturas, **you** debería estar casi listo para **your trip to the** países de habla **English.** Usted

ha ido a comprar las cosas de última hora. Probablemente el directorio de su gran almacén local

no se parece al que está descrito **below. You know that** " **children**" *(chIl-Dren)* significa "niños." Entonces,

si **you need** alguna cosa **for a child,** *(chailD)* / niño probablemente **you** iría al **second or third floor,** ¿no?

4. floor	dishes/crockery
	crystal
	beds
	linens
		silverware/cutlery
		kitchen
		  appliances
		lighting
			ceramics
			porcelain
			electrical
			  appliances

3. floor	computers
	televisions
	children's
	  furniture
		radios
		musical
		  instruments
		stationery
			compact discs
			restaurant
			newspapers
			magazines

2. floor	children's department women's clothing women's hats	men's clothing infants' shoes camera department toys	cosmetics antiques furniture carpets
1. floor	auto accessories lingerie handkerchiefs keys	swimsuits women's shoes men's shoes books	sporting goods tools camping equipment tobacco
B. basement	umbrellas maps men's hats jewelry	gloves leather goods socks belts	clocks/watches perfume cafeteria bakery

Empecemos una lista **for your trip.** Además de **clothing,** *(klo-dIng)* / ropa **what do you need to pack?** *(peak)* / empacar Mejor

todavía, arregle estas cosas **in a corner of your house.** Revise **and** asegúrese de que **they are**

clean and *(klin)* / limpias listas **for your trip.** Haga lo mismo con el resto **of the things** que **you** empaque. En

las siguientes **pages,** una a cada palabra con su **picture,** dibuje **a line** hacia los dibujos **and**

escriba **the word** muchas veces. **Do not** se olvide de tomar el próximo grupo de adhesivos **and** de

ponerlos sobre los objetos correspondientes **today.**

(peas-port)
passport
pasaporte

(tIk-et)
ticket
billete/boleto

(sut-keis)
suitcase
maleta

(jeanD-beig)
handbag
bolsa

(ual-et)
wallet
billetera

(man-i)
money
dinero

(kre-DIt) (karDz)
credit cards
tarjetas de crédito

(treav-ol-erz) (cheks)
traveler's checks
cheques viajeros

(keam-ra)
camera

(fIlm)
film
película

(suIm-sut)
swimsuit
traje de baño

(suIm-sut)
swimsuit
traje de baño

(sean-Dolz)
sandals

(san-glea-sez)
sunglasses
anteojos/gafas de sol

(tud-brash)
toothbrush
cepillo de dientes

(tud-peist)
toothpaste
pasta dentífrica

(sop)
soap
jabón

(rei-zor)
razor
navaja de afeitar

(Di-o-Der-ent)
deodorant
desodorante

handbag, handbag ✓

103

(kom)
comb
peine

(o-ver-kot)
overcoat
abrigo

(am-brel-la)
umbrella
paraguas

(rein-kot)
raincoat
impermeable

(glavz)
gloves
guantes

(jeat)
hat
sombrero

(jeat)
hat
sombrero

(buts)
boots
botas

(shuz)
shoes
zapatos

(ten-Is)
tennis shoes
zapatos de tenis

(sut)
suit
traje

(tai)
tie
corbata

(shert)
shirt
camisa

(jeang-ker-chIf)
handkerchief
pañuelo

(Jeak-et) (blei-zer)
jacket/ blazer
chaqueta

(trau-serz)
trousers
pantalones

(Jinz)
jeans
bluyines

(shorts)
shorts
pantalones cortos

(ti-shert)
T-shirt
camiseta

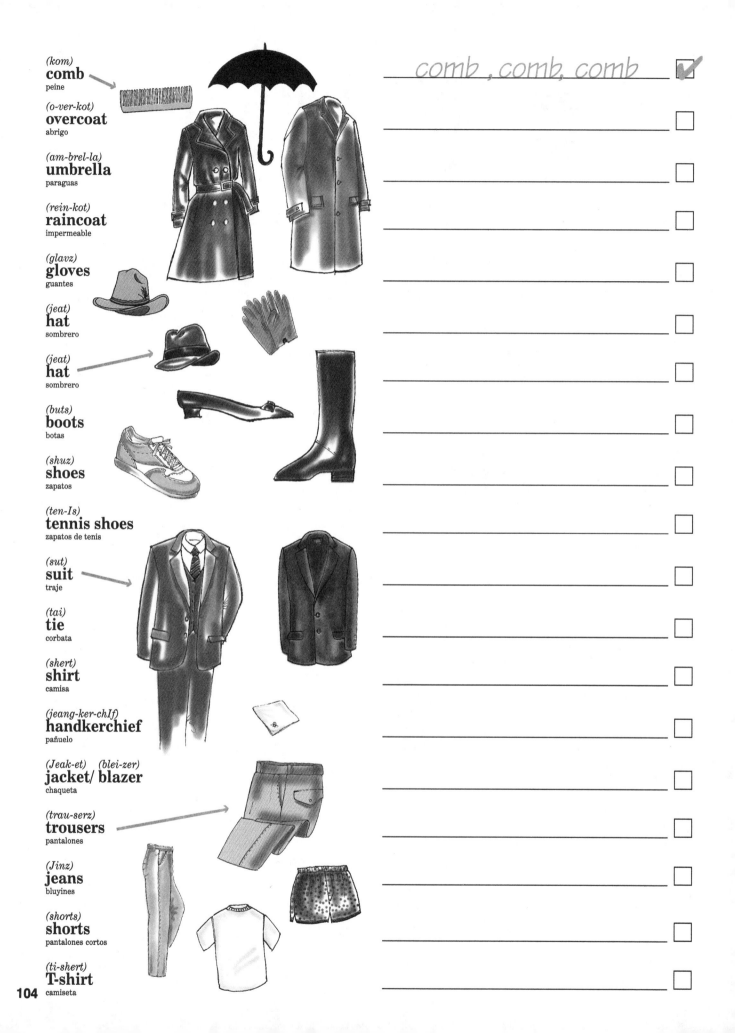

comb , comb, comb ✓

(an-Der-peants)
underpants
calzoncillos

☐ _____

(an-Der-shert)
undershirt
camiseta

☐ _____

(Dres)
dress
vestido

☐ _____

(blaus)
blouse
blusa

☐ _____

(skert)
skirt
falda

☑ *skirt, skirt, skirt*

(suet-er)
sweater
suéter

☐ _____

(slIp)
slip
enagua/fuste

☐ _____

(bra)
bra
sostén

☐ _____

(an-Der-peants)
underpants
calzoncillos

☐ _____

(saks)
socks
calcetines

☐ _____

(pean-ti-hoz)
pantyhose
medias

☐ _____

(pa-Jea-maz)
pajamas

☐ _____

(nait-shert)
nightshirt
camisa de dormir

☐ _____

(bead-rob)
bathrobe
bata de baño

☐ _____

(slIp-erz)
slippers
zapatillas

☐ _____

De hoy en adelante, **you have "toothpaste,"** *(tud-peist)* **and not** pasta dentífrica. Una vez que tenga listas

these things, you are listo **for your trip.** Agreguemos a su repertorio básic estas **important**

frases para ir de compras.

(uat) *(saiz)*
What size? _____
qué   talla

(fIts)
It fits well. _____
me queda bien

(Daz) *(nat)*
It does not fit. _____
no me queda bien

Complázcace con un repaso final. **You** sabe **the names for American and English stores,** vamos de compras. Tan solo recuerde las **questions** claves **that you** aprendió en el capítulo 2. Ya sea que **you need jeans or tennis shoes, the necessary words are the same.**

1. *(uer)*
   Primer paso — **where?**

   Where is the movie theater?   **Where is the bank?**   **Where is the newstand?**

   _____
   (¿Dónde está el gran almacén?)

   _____
   (¿Dónde está la tienda de comestibles?)

   _____
   (¿Dónde está el mercado?)

2. El próximo paso — dígales lo que **you** desea comprar, necesita, **want or** quisiera ver.

   (niD)   *(Du)*   *(jeav)*   *(wuD)*   *(laik)*
   I need . . .   **Do you have** . . .   **I would like** . . . ?
   nesesito   tiene usted

   _____
   (¿Tiene usted tarjetas postales?)

   _____
   (Yo quisiera comprar cuatro sellos.)

   _____
   (Yo necesito pasta dentífrica.)

   _____
   (Yo quisiera comprar película.)

   _____
   (¿Tiene usted café?)

Mire a través del glosario al final de **this book and** seleccione **twenty words.** Practique los ejercicios arriba **with these twenty words.** No se engañe. Practíquelos **today. Now,** tome **twenty more words from your** glosario **and** haga lo mismo.

3. El próximo paso — averigue **how much it costs.**
   (jau) (mach) (kasts)
   cuánto cuesta

How much is this?   **How much is a stamp?**   **How much is a pound of apples?**
                                                                                                     manzanas

_____
(¿Cuánto cuesta el jabón?)

_____
(¿Cuánto cuesta la pasta dentífrica?)

_____
(¿Cuánto cuesta una taza de té?)

4. Capítulo cuarto — éxito! Lo encontré!

Una vez que **you find** lo que **you** quiere, **say,**
                    (dIs)
I would like this, please. _____

or

Give me that, please. _____

Or si **you** no le gusta,
                    (nat)
I would not like this, thank you. _____

or

No thank you. _____

Felicitaciones! **You** ha terminado. A estas alturas **you** ya habrá pegado sus adhesivos, estudiado sus tarjetas, recortado **your** guía de menú, **and** empacado sus maletas. **You** debería estar **very** contento con su logro. **You have** aprendido lo que a otros, algunas veces, toma años aprender **and you** esperamos que se haya divertido haciéndolo. **Have a good trip!**

Glosario

Este glosario contiene solamente palabras usadas en este libro. No intenta ser un diccionario. Considere comprar un diccionario que se ajuste a sus necesidades - pequeño para llevar en sus viajes, con muchas referencias o especializado en el vocabulario que usted necesite.

Todas las palabras están en orden alfabético seguidas por la guía de pronunciación usada en este libro. No se les da todas las variaciones de una palabra. En su mayoría las palabras están escritas en singular.

A

a *(ei)* . . . . un, una
a little *(ei)(lI-tel)* . . . . poco
a lot *(ei)(lat)* . . . . mucho
about *(a-baut)* . . . . a cerca de
above *(a-bav)* . . . . arriba
accident *(eak-se-Dent)* . . . . accidente
across *(a-kras)* . . . . a través
active *(eak-tIv)* . . . . activo
address *(a-Dres)* . . . . dirección
Africa *(af-ra-ka)* . . . . África
after *(eaf-ter)* . . . . después
afternoon *(eaf-ter-nun)* . . . . tarde
again *(a-gen)* . . . . otra vez
agency *(ei-Jen-si)* . . . . agencia
agriculture *(eag-rI-kol-chur)* . . . . agricultura
airline *(er-lain)* . . . . aerolínea
airmail *(er-meil)* . . . . por avión
airplane *(er-plein)* . . . . avión
airport *(er-port)* . . . . aeropuerto
alarm clock *(a-larm)(klak)* . . . . despertador
algebra *(eal-Je-bra)* . . . . álgebra
also *(al-so)* . . . . también
am *(eam)* . . . . soy/estoy
ambulance *(eam-biu-lens)* . . . . ambulancia
America *(a-mer-a-ka)* . . . . América
American *(a-mer-a-ken)* . . . . americano
American Samoa *(a-mer-a-ken)(sa-mo-a)* . . Samoa Oriental
an *(ean)* . . . . un, una
and *(eanD)* . . . . y
animal *(ean-a-mal)* . . . . animal
answers *(ean-serz)* . . . . respuestas
appetite *(eap-a-tait)* . . . . apetito
appetizers *(eap-a-tai-zerz)* . . . . aperitivos
apple *(ea-pol)* . . . . manzana
application *(eap-lI-kei-shen)* . . . . aplicación
approximately *(a-prak-sa-mIt-li)* . . . . aproximadamente
April *(ei-prIl)* . . . . abril
aquarium *(a-kwer-i-am)* . . . . acuario
arch *(arch)* . . . . arco
area code *(er-i-a)(koD)* . . . . código del área
are *(ar)* . . . . están/son
arrival *(a-rai-vol)* . . . . llegada
arrive *(a-raiv)* . . . . llega/llegar
art *(art)* . . . . arte
artist *(ar-tIst)* . . . . artista
Asia *(ei-zha)* . . . . Asia
ask *(eask)* . . . . preguntar
aspirin *(eas-prIn)* . . . . aspirina
at *(eat)* . . . . a las, a
attention *(a-ten-shen)* . . . . atención
auditorium *(a-De-tor-i-am)* . . . . auditorio
August *(a-gest)* . . . . agosto
aunt *(eant)* . . . . tía
Australia *(a-streil-lla)* . . . . Australia
automobile *(a-to-mo-bil)* . . . . automóvil
autumn *(a-tem)* . . . . otoño

B

bacon *(bei-ken)* . . . . tocino
bad *(beaD)* . . . . malo
baggage claim *(beag-IJ)(kleim)* . . . . reclamo de maletas
Bahamas *(ba-ha-maz)* . . . . Las Bahamas
baked *(beikD)* . . . . al horno
bakery *(bei-kri)* . . . . panadería
balcony *(beal-ka-ni)* . . . . balcón
ballet *(beal-ei)* . . . . ballet
banana *(ba-nean-a)* . . . . plátano
bank *(beank)* . . . . banco
bar *(bar)* . . . . taberna
basement *(beis-ment)* . . . . sótano
bath *(bead)* . . . . baño
bathrobe *(bead-rob)* . . . . bata de baño
bathroom *(bead-rum)* . . . . cuarto de baño
beach *(bich)* . . . . playa
bed *(beD)* . . . . cama
bedroom *(beD-rum)* . . . . dormitorio
beef *(bif)* . . . . res
beefsteak *(bif-steak)* . . . . bistec
beer *(bIr)* . . . . cerveza
before *(bi-for)* . . . . antes
begin *(bi-gIn)* . . . . empieza/empezar
behind *(bi-jainD)* . . . . detrás de
Belize *(be-liz)* . . . . Belice
below *(bi-lo)* . . . . abajo
between *(bi-tuin)* . . . . entre
beverages *(bev-rI-Jez)* . . . . bebidas
bicycle *(bai-sa-kol)* . . . . bicicleta
big *(bIg)* . . . . grande
bill *(bIl)* . . . . cuenta
bill *(bIl)* . . . . billete de banco
black *(bleak)* . . . . negro
bland *(bleanD)* . . . . blando
blanket *(bleing-kIt)* . . . . cobija/manta
blazer *(blei-zer)* . . . . chaqueta
blocks *(blaks)* . . . . cuadras
blouse *(blaus)* . . . . blusa
blue *(blu)* . . . . azul
blue jeans *(blu)(Jinz)* . . . . bluyines
boiled *(boilD)* . . . . hervido
book *(buk)* . . . . libro
bookstore *(buk-stor)* . . . . librería
boots *(buts)* . . . . botas
bottle *(ba-tol)* . . . . botella
bottom *(ba-tam)* . . . . final
boy *(boi)* . . . . niño, muchacho
bra *(bra)* . . . . sostén
bread *(breD)* . . . . pan
breakfast *(brek-fest)* . . . . desayuno
broiled *(broilD)* . . . . a la plancha
brother *(bra-der)* . . . . hermano
brown *(braun)* . . . . marrón/café
bus *(bas)* . . . . autobús
busy *(bIz-i)* . . . . ocupado
but *(bat)* . . . . pero

butcher shop (but-cher)(shap) .... carnicería
butter (bat-er) .... mantequilla
buy (bai) .... comprar
by (bai) .... en/por

C

cafeteria (keaf-e-tIr-i-a)............... café/restaurante
calendar (keal-en-Der)................... calendario
call (kal) .... llamada
calm (kalm) .... calma
camera (keam-ra) .... cámara
can (kean) .... puede/poder
Canada (kean-a-Da) .... Canadá
Canadian (ka-nei-Di-en) .... canadiense
candle (kean-Dol) .... vela
capital (keap-e-tol) .... capital
car (kar) .... carro
car rental agency (kar)(ren-tol)(ei-Jen-si) ....
.... agencia de carros de alquiler
carpet (kar-pet) .... alfombra
cashier (kea-shIr) .... cajero
cat (keat)................................... gato
Catholic (kead-lIk) .... católica
cent (sent) .... centavo
center (sen-ter) .... centro
centigrade (sen-ta-greid) .... centígrado
cereal (sIr-i-ol) .... cereal
chair (cher) .... silla
change (cheinJ) .... cambio
change (cheinJ) .... cambiar
check (chek) .... cheque
cheese (chiz) .... queso
child (chailD) .... niño/niña
children (chIl-Dren) .... niños
China (chai-na) .... China
Chinese (chai-niz) .... Chino
chocolate (chak-let) .... chocolate
church (church)........................... iglesia
circle (ser-kol) .... círculo
city (sI-ti) .... ciudad
civil (sIv-ol) civil
class (kleas) .... clase
clean (klin) .... limpio
clock (klak)................................. reloj
clocktower (klak-tau-er) .... torre de reloj
close (kloz) .... cerrar
closed (klozD) .... cerrado
closet (kla-set) .... ropero
clothing (klo-dIng) .... ropa
cloudy (klau-Di) .... nublado
coffee (kaf-i) .... café
coffee shop (kaf-i)(shap) .... café
coin (koin) .... moneda
cold (kolD) .... frío
college (kal-IJ) .... colegio
colors (kal-urz) .... colores
column (kal-em) .... columna
comb (kom) .... peine
come (kam) .... venir
company (kam-pa-ni) .... compañía
compartment (kam-part-ment) .... compartimiento
complete (kam-plit) .... completar
computer (kam-pu-ter) .... computadora
concert (kan-sert) .... concierto
continue (kan-tIn-yu) .... continuar
conversation (kan-ver-sei-shen) ..... conversación
cooked (kukD) .... cocido
corner (kor-ner)........................... esquina

correct (ko-rekt) .... correcto
cost (kast) .... cuesta/costar
counter (kaun-ter) .... tablero
country (kan-tri) .... país
country code (kan-tri)(koD) ...... código del país
coupon (kiu-pan) .... cupón
cowboy hat (kau-boi)(jeat) ..... sombrero de vaquero
cream (krim) .... crema
credit cards (kre-DIt)(karDz) .... tarjetas de crédito
crossword puzzle (kras-uorD)(paz-ol) .... crucigrama
culture (kol-chur) .... cultura
cup (kap) .... taza
cupboard (kab-urD) .... armario
curtain (kur-tIn) .... cortina
customs (kas-temz)...................... costumbres

D

daily special (Dei-li)(spesh-el) .... especial del día
dairy (Der-i) .... lechería
dance (Deans) .... danza, baile
dateline (Deit-lain)......... meridiano de cambio de fecha
daughter (Da-ter) .... hija
day (Dei) .... día
December (De-sem-ber) .... diciembre
decent (Di-sent) .... decente
degrees (DI-griz) .... grados
delicatessen (Del-e-ke-tes-en) .... tienda de fiambres
delicious (Di-lIsh-es) .... delicioso
deodorant (Di-o-Der-ent).............. desodorante
department (Di-part-ment)............. departamento
department store (Di-part-ment)(stor)....... gran almacén
departure (Di-par-chur) .... partida/salida
designation (Des-Ig-nei-shen) .... designación
desk (Desk) .... escritorio
desserts (Di-zerts) .... postres
destination (Des-te-nei-shen) .... destino
detour (Di-tur)............................. desvío
dictionary (DIk-sha-ner-i) .... diccionario
different (DIf-er-ent) .... diferente
difficult (DIf-a-kalt) .... difícil
digits (DI-JIts) .... números
dime (Daim) .... diez centavos
dining room (Dain-Ing)(rum) .... comedor
dinner (DIn-er) .... cena
direct flights (DI-rekt)(flaits) .... vuelos directos
direction (DI-rek-shen) .... dirección
distance (DIs-tens) .... distancia
do (Du) .... hacer
do, does (Du), (Daz) ..... usado con otros verbos
doctor (Dak-tur) .... doctor
document (Dak-yu-ment) .... documento
dog (Dag) .... perro
dollar (Dal-er) .... dólar
domestic (Do-mes-tIk) .... doméstico
don't (dont) .... no
door (Dor) .... puerta
downstairs (Daun-sterz) .... abajo
dress (Dres) .... vestido
drink (DrInk)............................... beber
drive (Draiv) .... manejar
drugstore (Drag-stor)...................... farmacia
dry cleaner's (Drai)(kli-nerz) .... limpieza en seco

E

east (ist) .... este
East Coast (ist)(kost) .... costa del este
eat (it) .... comer
effect (I-fekt) .... efecto **109**

eggs *(egz)* .... huevos
eight *(eit)* .... ocho
eighteen *(ei-tin)* .... dieciocho
eighty *(ei-ti)* .... ochenta
electric *(I-lek-trIk)* .... eléctrico
elevator *(el-a-vei-tor)* .... ascensor
eleven *(I-lev-en)* .... once
emergency *(I-mer-Jen-si)* .... emergencia
emergency exit *(I-mer-Jen-si)(ek-sIt)* .. salida de emergencia
England *(Ing-lenD)* .... Inglaterra
English *(Ing-lIsh)* .... inglés
enjoy your meal *(en-joi)(yor)(mil)* .... buen provecho
enormous *(I-nor-mes)* .... enorme
enter *(en-ter)* .... entre/entrar
entrance *(en-trens)* .... entrada
error *(er-ur)* .... error
Europe *(yur-ap)* .... Europa
evening *(iv-nIng)* .... noche
every *(ev-ri)* .... cada
everything *(ev-ri-dIng)* .... todo
example *(Ig-zeam-pol)* .... ejemplo
excellent *(ek-se-lent)* .... excelente
exchange *(eks-cheinJ)* ..... cambio de dinero
excuse me *(eks-kiuz)(mi)* .... perdóneme
exit *(ek-sIt)* .... salida/salir
expensive *(eks-pen-sIv)* .... caro

F

Fahrenheit *(fer-In-jait)* .... Fahrenheit
faith *(feid)* .... fe
family *(feam-I-li)* .... familia
famous *(fei-mes)* .... famoso
fast *(feast)* .... rápido
father *(fa-der)* .... padre
favor *(fei-vor)* .... favor
fax *(feaks)* .... fax
February *(feb-ru-er-i)* .... febrero
feet *(fit)* .... pies
fifteen *(fIf-tin)* .... quince
fifty *(fIf-ti)* .... cincuenta
figure *(fig-yor)* .... figura
film *(fIlm)* .... film, película
filter *(fIl-ter)* .... filtro
final *(fai-nol)* .... final
find *(fainD)* .... encuentra/encontrar
first floor *(ferst)(flor)* .... primer piso
fish *(fIsh)* .... pescado
fits well *(fIts)(uel)* .... me queda bien
five *(faiv)* .... cinco
flight *(flait)* .... vuelo
flight schedule *(flait)(skeD-Jiul)* .. horario de vuelo
florist *(flor-Ist)* .... florista
flower *(flau-er)* .... flor
flowers *(flau-erz)* .... flores
fly *(flai)* .... volar
flying *(flai-Ing)* .... volando
foggy *(fag-i)* .... nublado
following *(fal-o-Ing)* .... siguiente
food *(fuD)* .... alimento
foot *(fut)* .... pie
for example *(for)(Ig-zeam-pol)* ..... por ejemplo
forest *(for-Ist)* .... floresta, bosque
fork *(fork)* .... tenedor
form *(form)* .... forma
fortune *(for-chen)* .... fortuna
forty *(for-ti)* .... cuarenta
fountain *(faun-ten)* .... fuente
four *(for)* .... cuatro

fourteen *(for-tin)* .... catorce
France *(freans)* .... Francia
free *(fri)* .... libre
freeway *(fri-uei)* .... autopista/carretera
French *(french)* .... francés
fresh *(fresh)* .... fresco
Friday *(frai-Dei)* .... viernes
fried *(fraiD)* .... frito
friend *(frenD)* .... amigo
from *(fram)* .... de
fruit *(frut)* .... fruta
future *(fiu-chur)* .... futuro

G

gallery *(geal-e-ri)* .... galería
gallon *(geal-en)* .... galón
garage *(ga-raJ)* .... garaje
garden *(gar-Den)* .... jardín
gas *(geas)* .... gasolina
gas station *(geas)(stei-shen)* ..... gasolinera
gate *(geit)* .... puerta de entrada
gasoline *(geas-a-lin)* .... gasolina
generally *(Jen-er-a-li)* .... generalmente
German *(Jer-men)* .... alemán
Gibraltar *(JI-bral-ter)* .... Gibraltar
girl *(gerl)* .... niña, muchacha
give me *(gIv)(mi)* .... dame/deme
glass *(gleas)* .... vaso
glasses *(glea-sez)* .... anteojos/gafas
gloves *(glavz)* .... guantes
GMT .... Hora meridiana de Greenwich
go *(go)* .... ir/vaya
good *(guD)* .... bueno
good afternoon *(guD)(eaf-ter-nun)* .... buenas tardes
goodbye *(guD-bai)* .... adiós
good evening *(guD)(iv-nIng)* .... buenas noches
good luck *(guD)(lak)* .... buena suerte
good morning *(guD)(mor-nIng)* .... buenos días
good night *(guD)(nait)* .... buenas noches
government *(gov-er-ment)* .... gobierno
grain *(grein)* .... grano
grand *(greanD)* .... gran
grandfather *(greanD-fa-der)* .... abuelo
grandmother *(greanD-ma-der)* .... abuela
grandparents *(greanD-per-ents)* .... abuelos
gray *(grei)* .... gris
grease *(gris)* .... grasa
Great Britain *(greit)(brI-tIn)* .... Gran Bretaña
green *(grin)* .... verde
greengrocer *(grin-gro-ser)* .... verdulería
grilled *(grIlD)* .... a la parrilla
grocery store *(gro-se-ri)(stor)* ... tienda de abarrotes/comestibles
ground floor *(graunD)(flor)* .... primer piso
group *(grup)* .... grupo
Guam *(guam)* .... Guam
guide *(gaiD)* .... guía

H

habit *(jea-bIt)* .... hábito
hairdresser *(jer-Dres-er)* .... peluquería
half past *(jeaf)(peast)* .... y media
ham *(jeam)* .... jamón
hamburger *(jeam-bur-ger)* .... hamburguesa
handbag *(jeanD-beig)* .... bolsa
handicap access *(jean-Di-keap)(eak-ses)* ....
.... acceso para personas desabilitadas
handmade crafts *(jeanD-meiD)(kreafts)* .... artesanías
handkerchief *(jeang-ker-chIf)* .... pañuelo

hash browns *(jeash)(braunz)* ...... picadillo de papas fritas
has, have *(jeaz), (jeav)* .... tiene/tener
hat *(jeat)* .... sombrero
have *(jeav)* .... tener
have a good trip *(jeav)(ei)(guD)(trIp)* .... buen viaje
have fun *(jeav)(fan)* .... diviértase
have to *(jev)(tu)* .... tener que
he *(ji)* .... él
healthy *(jel-di)* .... sano
hello *(jel-o)* .... hola
her *(jur)* .... su
here *(jIr)* .... aquí
hero *(jIr-o)* .... héroe
hi *(jai)* .... hola
high *(jai)* .... alta
hills *(jIlz)* .... colinas
his *(jIz)* .... su
history *(jIs-to-ri)* .... historia
honor *(an-or)* .... honor
hospital *(jas-pI-tal)* .... hospital
host *(jost)* .... huésped
hostess *(jos-tes)* .... huéspeda
hot *(jat)* .... calor, caliente
hotel *(jo-tel)* .... hotel
hour *(aur)* .... hora
house *(jaus)* .... casa
how *(jau)* .... cómo
How are you? *(jau)(ar)(yu)* ...... ¿Cómo está usted?
how many *(jau)(men-i)* .... cuántos
how much *(jau)(mach)* .... cuánto
how often *(jau)(a-fen)* .... cuántas veces
humid *(jiu-mID)* .... húmedo
humor *(jiu-mor)* .... humor
hundred *(jan-DreD)* .... ciento
hungry *(jan-gri)* .... con hambre

I

I *(ai)* .... yo
I would like *(ai)(wuD)(laik)* .... yo quisiera
ice cream *(ais)(krim)* .... helado
idea *(ai-Di-a)* .... idea
identical *(ai-Den-ti-kol)* .... idéntico
illustration *(Il-a-strei-shen)* .... ilustración
imagination *(I-meaJ-a-nei-shen)* .... imaginación
important *(Im-por-tent)* .... importante
in *(In)* .... en
India *(In-Di-a)* .... India
industry *(In-Das-tri)* .... industria
inexpensive *(In-eks-pen-sIv)* .... barato
information *(In-for-mei-shen)* .... información
in front of *(In)(frant)(av)* .... delante de
instant *(In-stent)* .... instante
instructions *(In-strak-shenz)* .... instrucciones
intelligent *(In-tel-e-Jent)* .... inteligente
interesting *(In-trIs-tIng)* .... interesante
international *(In-tel-nea-shen-ol)* .... internacional
into/in *(In-tu)/(In)* .... dentro de
invitation *(In-va-tei-shen)* .... invitación
Ireland *(air-lenD)* .... Irlanda
is *(Iz)* .... es, está
island *(ai-lenD)* .... isla
it *(It)* .... lo

J

jacket *(Jeak-et)* .... chaqueta
jam *(Jeam)* .... mermelada
January *(Jean-yu-er-i)* .... enero
jasmine *(Jeas-mIn)* .... jazmín

jeans *(Jinz)* .... bluyines
jeep *(Jip)* .... jeep
jeweler *(Ju-ler)* .... joyero
Jewish *(Ju-Ish)* .... judía
juice *(Jus)* .... jugo
July *(Ju-lai)* .... julio
jumper *(Jamp-er)* .... suéter
June *(Jun)* .... junio
just a moment *(Jast)(ei)(mo-ment)* ...... un momento
justice *(Jas-tIs)* .... justicia

K

kitchen *(kIt-chen)* .... cocina
knife *(naif)* .... cuchillo
know *(no)* .... saber

L

lake *(leik)* .... lago
lamb *(leam)* .... cordero
lamp *(leamp)* .... lámpara
language *(lean-guiJ)* .... lenguaje
lanolin *(lean-o-lIn)* .... lanolina
large *(larJ)* .... grande, largo
last *(least)* .... durar
laundromat *(lan-Dro-meat)* .... lavandería
lavatory *(leav-a-tor-i)* .... baño/lavatorio
learn *(lern)* .... aprender
leave *(liv)* .... salir
left *(left)* .... izquierda
legal *(li-gol)* .... legal
lemon *(lem-en)* .... limón
lemonade *(lem-e-neiD)* .... limonada
lesson *(les-en)* .... lección
letter *(let-er)* .... carta
liberty *(lIb-er-ti)* .... libertad
license *(lai-sens)* .... licencia
life *(laif)* .... vida
lift *(lIft)* .... ascensor
lime *(laim)* .... lima
limit *(lIm-It)* .... límite
line *(lain)* .... línea
liquid *(lI-kuID)* .... líquido
liquor *(lIk-er)* .... licor
list *(lIst)* .... lista
liter *(lit-er)* .... litro
live *(lIv)* .... vivir
living room *(lIv-Ing)(rum)* .... sala
local *(lo-kol)* .... local
London *(lan-Den)* .... Londres
long *(lang)* .... largo
lose *(luz)* .... perder
lost and found *(last)(eanD)(faunD)* .. perdido y encontrado
love *(lav)* .... gustar
luck *(lak)* .... suerte
lunch *(lanch)* .... almuerzo

M

magazine *(meag-a-zin)* .... revista
mail *(meil)* .... correo
mailbox *(meil-baks)* .... buzón
main *(mein)* .... principal
main entrance *(mein)(en-trens)* .... entrada principal
make *(meik)* .... hacer
man *(mean)* .... hombre
many *(men-i)* .... muchos
map *(meap)* .... mapa
March *(march)* .... marzo
margarine *(mar-Je-rIn)* .... margarina **111**

market (mar-ket) .... mercado
May (mei) .... mayo
me (mi) .... me
meal (mil) .... comida
meat (mit) .... carne
medicine (meD-I-sIn) .... medicina
melody (mel-a-Di) .... melodía
men (men) .... hombres
menu (men-yu) .... menú
metal (met-ol) .... metal
meter (mi-ter) .... metro
Mexican (mek-sI-ken) .... mexicano
Mexico (mek-sI-ko) .... México
midnight (mID-nait) .... medianoche
mile (mail) .... milla
milk (mIlk) .... leche
minute (mIn-It) .... minuto
mirror (mIr-or) .... espejo
miss (mIs) .... señorita
modern (maD-ern) .... moderno
moment (mo-ment) .... momento
Monday (man-Dei) .... lunes
money (man-i) .... dinero
month (mand) .... mes
more (mor) .... más
morning (mor-nIng) .... mañana
mother (ma-der) .... madre
motor (mo-tur) .... motor
motorcycle (mo-tor-sai-kol) .... motocicleta
movie theater (mu-vi)(di-ei-ter) .... cine
Mr. (mIs-ter) .... señor
Mrs. (mIs-Iz) .... señora
much (mach) .... mucho
multicolored (mol-tI-kal-urD) ... multicolor
museum (miu-zi-em) .... museo
music (miu-zIk) .... música
must (mast) .... tener que
my (mai) .... mi

N

name (neim) .... nombre
  my name is (mai)(neim)(Iz) .... me llamo/mi nombre es
napkin (neap-kIn) .... servilleta
nation (nei-shen) .... nación
native (nei-tIv) .... nativo
natural (neach-a-rol) .... natural
necessary (nes-e-ser-i) .... necesario
need (niD) .... necesitar
new (nu) .... nuevo
newspaper (nuz-pei-per) .... periódico
newsstand (nuz-steanD) ..... quiosco de periódicos
New York (nu)(york) .... Nueva York
New Zeland (nu)(zi-lenD) ...... Nueva Zelanda
next (nekst) .... próximo
next to (nekst)(tu) .... cerca de
nickel (nIk-ol) .... cinco centavos
night (nait) .... noche
nightshirt (nait-shert) .... camisa de dormir
nine (nain) .... nueve
nineteen (nain-tin) .... diecinueve
ninety (nain-ti) .... noventa
no (no) .... no
non-smoking section (nan-smok-Ing)(sek-shen) ....
.... sección de no fumar
non-stop (nan-stap) .... sin escalas
noon (nun) .... mediodía
normal (nor-mal) .... normal
112 north (nord) .... norte

North America (nord)(a-mer-a-ka) ...... América del Norte
North Pole (nord)(pol) .... Polo Norte
Northern Ireland (nor-dern)(air-lenD) .. Irlanda del Norte
not (nat) .... no
note (not) .... observe
nothing (na-dIng) .... nada
notice (no-tIs) .... noticia
notion (no-shen) .... noción
novel (nav-el) .... novela
November (no-vem-ber) .... noviembre
now (nau) .... ahora
number (nam-ber) .... número
nylon (nai-lan) .... nilón

O

object (ab-Jekt) .... objeto
occasion (o-kei-zhen) .... ocasión
occupied (ak-yu-paiD) .... ocupado
ocean (o-shen) .... océano
o'clock (o-klak) .... en punto
October (ak-to-ber) .... octubre
of (av) .... de
office (af-Is) .... oficina
office supply store (af-Is)(sa-plai)(stor) ....
.... tienda de artículos de oficina
often (a-fen) .... a menudo
old (olD) .... viejo
olive (al-Iv) .... oliva, aceituna
on (on) .... sobre
one (uan) .... uno
one-way (uan-uei) .... una ida
only (on-li) .... solamente
open (o-pen) .... abierto, abra/abrir
opera (ap-ra) .... ópera
operator (ap-e-rei-tor) .... operadora
opportunity (ap-er-tu-ne-ti) ...... oportunidad
or (or) .... o
orange (or-enJ) .... naranja
orange juice (or-enJ)(Jus) .... jugo de naranja
order (or-Der) .... ordenar
ordinary (or-De-ner-i) .... ordinario
original (a-rIJ-a-nol) .... original
our (ar) .... nuestro
out of (aut)(av) .... fuera de
over (o-ver) .... sobre
overcoat (o-ver-kot) .... abrigo

P

Pacific Ocean (pa-sI-fIk)(o-shen) .... Océano Pacífico
pack (peak) .... empacar
package (peak-IJ) .... paquete
page (peiJ) .... página
pajamas (pa-Jea-maz) .... pijamas
pancakes (pean-keiks) ..... panqueques/hojuelas
pants (peants) .... pantalones
pantyhose (pean-ti-hoz) .... medias
paper (pei-per) .... papel
pardon (par-Den) .... perdón
parents (per-ents) .... padres
park (park) .... parque
parking lot (park-Ing)(lat) ..... estacionamiento
Parliament (par-le-ment) ...... Parlamento
part (part) .... parte
party (part-i) .... partido
passenger (peas-en-Jer) .... pasajero
passing (peas-Ing) .... pasar
passport (peas-port) .... pasaporte
pastry (peis-tri) .... pastel

pay *(pei)* .... pagar
peace *(pis)* .... paz
pen *(pen)* .... pluma
pencil *(pen-sol)* .... lápiz
penny *(pen-ni)* .... centavo
people *(pi-pol)* .... personas
pepper *(pep-er)* .... pimienta
percent *(per-sent)* .... por ciento
period *(pIr-i-ID)* .... período
person *(per-san)* .... persona
petrol *(pet-rol)* .... gasolina
phone *(fon)* .... teléfono/llamar por teléfono
piano *(pi-ean-o)* .... piano
picture *(pIk-chur)* .... cuadro
pie *(pai)* .... pastel
pieces *(pi-sez)* .... hojas
pillow *(pIl-o)* .... almohada
pink *(pInk)* .... rosado
plan *(plean)* .... plan
plane *(plein)* .... avión
plant *(pleant)* .... planta
plate *(pleit)* .... plato
platform *(pleat-form)* .... andén
please *(pliz)* .... por favor
point *(point)* .... punto
police *(po-lis)* .... policía
police station *(po-lis)(stei-shen)* .... policía
poor *(por)* .... pobre
pork *(pork)* .... cerdo
port *(port)* .... puerto
porter *(por-ter)* .... portero
portion *(por-shen)* .... porción
possibility *(pas-I-bIl-I-ti)* .... posibilidad
possible *(pas-a-bol)* .... posible
post *(post)* .... correo
postcard *(post-karD)* .... tarjeta postal
post office *(post)(af-Is)* .... oficina de correos
poultry *(pol-tri)* .... ave
pound *(paunD)* .... libra
practice *(preak-tIs)* .... práctica, practique
precious *(presh-es)* .... precioso
precise *(pri-sais)* .... preciso
prepare *(pre-per)* .... preparar
preposition *(prep-a-zIsh-en)* .... preposición
present *(prez-ent)* .... presente
pretty *(prIt-i)* .... bonito
price *(prais)* .... precio
problem *(prab-lem)* .... problema
product *(praD-ekt)* .... producto
professor *(pro-fes-er)* .... profesor
program *(pro-gream)* .... programa
prohibited *(pro-jIb-I-tID)* .... prohibido
promise *(pram-Is)* .... promesa
prompt *(pramt)* .... pronto, puntual
pronunciation *(pro-nan-si-ei-shen)* .... pronunciación
Protestant *(prat-Is-tent)* .... protestante
public *(pab-lIk)* .... público
Puerto Rico *(puer-to)(ri-ko)* .... Puerto Rico
pull *(pal)* .... tire/jale
purple *(pur-pol)* .... púrpura
push *(pash)* .... empuje

Q

quarter *(kuor-ter)* .... cuarto
quarter *(kuor-ter)* .... veinte y cinco centavos
quarter to *(kuor-ter)(tu)* .... menos un cuarto
question *(kues-chen)* .... pregunta

R

radio *(rei-Di-o)* .... radio
raincoat *(rein-kot)* .... impermeable
rains *(reinz)* .... llueve
rapid *(rea-pID)* .... rápido
rare *(rer)* .... raro
razor *(rei-zor)* .... navaja de afeitar
read *(riD)* .... lea/leer
reason *(ri-zen)* .... razón
receipt *(rI-sit)* .... recibo
recipe *(res-e-pi)* .... receta
red *(reD)* .... rojo
refrigerator *(rI-frIJ-a-rei-tur)* .... refrigerador
region *(ri-Jen)* .... región
regular *(reg-yu-lar)* .... regular
relatives *(rel-a-tIvz)* .... parientes
religion *(ri-lIJ-en)* .... religión
rental car *(ren-tol)(kar)* .... carro de alquiler
repair *(ri-per)* .... reparación
repeat *(ri-pit)* .... repita/repetir
reservation *(rez-er-vei-shen)* .... reservación
reserve *(ri-serv)* .... reservar
residence *(rez-e-Dens)* .... residencia
respect *(rI-spekt)* .... respeto
rest *(rest)* .... resto
restaurant *(res-ta-rant)* .... restaurante
restrooms *(rest-rumz)* .... los servicios
returns *(ri-turnz)* .... regresa
rich *(rIch)* .... rico
right *(rait)* .... derecha
road *(roD)* .... camino
roasted *(ro-steD)* .... asado
room *(rum)* .... cuarto
rose *(roz)* .... rosa
round trip *(raunD)(trIp)* .... ida y vuelta
route *(raut)* .... ruta

S

sack *(seak)* .... saco
salad *(seal-eD)* .... ensalada
salary *(seal-e-ri)* .... salario
salmon *(sam-en)* .... salmón
salt *(salt)* .... sal
sandals *(sean-Dolz)* .... sandalias
sandwiches *(seanD-ui-chez)* .... emparedados, sándwiches
sandwich shop *(seanD-uich)(shap)* .... restaurante con sándwiches
sardine *(sar-Din)* .... sardina
Saturday *(sea-ter-Dei)* .... sábado
sauce *(sas)* .... salsa
say *(sei)* .... decir
school *(skul)* .... escuela
Scotland *(skat-lenD)* .... Escocia
season *(si-zen)* .... estación
seat *(sit)* .... asiento
seated *(si-tID)* .... sentado
second *(sek-enD)* .... segunda
secretary *(sek-ra-ter-i)* .... secretaria
section *(sek-shen)* .... sección
see *(si)* .... ver
selection *(sI-lek-shen)* .... selección
sell *(sel)* .... vender
send *(senD)* .... mandar
September *(sep-tem-ber)* .... septiembre
service *(ser-vIs)* .... servicio
serviette *(ser-vi-et)* .... servilleta
seven *(se-ven)* .... siete

seventeen *(se-ven-tin)*	diecisiete
seventy *(se-ven-ti)*	setenta
she *(shi)*	ella
shirt *(shert)*	camisa
shoes *(shuz)*	zapatos
shopping centers *(shap-Ing)(sen-terz)*	centros comerciales
shops *(shaps)*	tiendas
short *(short)*	corto
shorts *(shorts)*	pantalones cortos
should *(shuD)*	debe
show *(sho)*	mostrar
shower *(shau-er)*	ducha
sick *(sIk)*	enfermo
side orders *(saiD)(or-Derz)*	órdenes extras
signal *(sIg-nol)*	señal
signature *(sIg-na-chur)*	firma
silence *(sai-lens)*	silencio
silver *(sIl-ver)*	plata
similarities *(sIm-a-ler-a-tiz)*	similitudes
sincere *(sIn-sIr)*	sincero
sink *(sInk)*	lavabo
sister *(sIs-ter)*	hermana
six *(sIks)*	seis
sixteen *(sIks-tin)*	dieciseís
sixty *(sIks-ti)*	sesenta
size *(saiz)*	talla
skirt *(skert)*	falda
sleep *(slip)*	dormir
slip *(slIp)*	enagua/fuste
slippers *(slIp-erz)*	zapatillas
slow/slowly *(slo)/(slo-li)*	despacio
small *(smal)*	pequeño
smoking section *(smok-Ing)(sek-shen)*	sección de fumar
snows *(snoz)*	nieva
soap *(sop)*	jabón
socks *(saks)*	calcetines
sofa *(so-fa)*	sofá
some *(sam)*	unos, unas, algunos
son *(san)*	hijo
sorry *(sar-i)*	siento
soup *(sup)*	sopa
south *(saud)*	sur
South Africa *(saud)(af-ra-ka)*	África del Sur
South America *(saud)(a-mer-a-ka)*	América del Sur
South American *(saud)(a-mer-a-ken)*	Sudamericano
South Pole *(saud)(pol)*	Polo Sur
souvenirs *(su-ve-nIrz)*	recuerdos
Spain *(spein)*	España
Spanish *(spean-Ish)*	español
speak *(spik)*	hablar
speed limit *(spiD)(lIm-It)*	límite de velocidad
spoon *(spun)*	cuchara
sporting goods *(sport-Ing)(guDz)*	artículos deportivos
spring *(sprIng)*	primavera
stadium *(stei-Di-am)*	estadio
stamp *(steamp)*	sello/timbre
state *(steit)*	estado
station *(stei-shen)*	estación
statue *(stea-tiu)*	estatua
stay *(stei)*	quedarse
steak *(steik)*	bistec
stop *(stap)*	pare/parada
stores *(stors)*	almacenes
stove *(stov)*	estufa
straight ahead *(streit)(a-jeD)*	derecho
street *(strit)*	calle
study *(staD-i)*	estudio

stuffed *(stafD)*	relleno
subway *(sab-uei)*	metro
suit *(sut)*	traje
suitcase *(sut-keis)*	maleta
summer *(sam-er)*	verano
Sunday *(san-Dei)*	domingo
sunglasses *(san-glea-sez)*	anteojos/gafas de sol
supermarket *(su-per-mar-ket)*	supermercado
sure *(shur)*	seguro
surprize *(sur-praiz)*	sorpresa
sweater *(suet-er)*	suéter
swimsuit *(suIm-sut)*	traje de baño

T

T-shirt *(ti-shert)*	camiseta
table *(tei-bol)*	mesa
takes *(teiks)*	toma/tomar
tall *(tal)*	alto
tavern *(teav-ern)*	taberna
tax *(taks)*	impuesto
taxi *(teak-si)*	taxi
taxi driver *(teak-si)(Drai-ver)*	taxista
tea *(ti)*	té
teatime *(ti-taim)*	hora del té
telegram *(tel-e-gream)*	telegrama
telegraph *(tel-e-greaf)*	telégrafo
telegraph office *(tel-e-greaf)(af-Is)*	oficina telegráfica
telephone *(tel-e-fon)*	teléfono
telephone *(tel-e-fon)*	llamar por teléfono
telephone book *(tel-e-fon)(buk)*	guía telefónica
telephone booth *(tel-e-fon)(bud)*	cabina
television *(tel-e-vI-shen)*	televisión
temperature *(tem-pra-chur)*	temperatura
ten *(ten)*	diez
tennis *(ten-Is)*	tenis
tennis shoes *(ten-Is)(shuz)*	zapatos de tenis
terrace *(ter-Is)*	terraza
thank you *(deank)(yu)*	gracias
that *(deat)*	ése/eso
the *(di)*	el, la, los, las
theater *(di-ei-ter)*	teatro
their *(der)*	sus
then *(den)*	luego
there *(der)*	allí
thermometer *(der-mam-a-ter)*	termómetro
these *(diz)*	estos
they *(dei)*	ellos, ellas
things *(dIngz)*	cosas
thirsty *(ders-ti)*	con sed
thirteen *(dur-tin)*	trece
thirty *(dur-ti)*	treinta
this *(dIs)*	este
thousand *(dau-zenD)*	mil
three *(dri)*	tres
Thursday *(durz-Dei)*	jueves
ticket *(tIk-et)*	billete, boleto
tie *(tai)*	corbata
time *(taim)*	hora, tiempo
tip *(tIp)*	propina
tired *(tairD)*	cansado
to *(tu)*	a
toast *(tost)*	pan tostado
tobacco shop *(to-beak-o)(shap)*	tabaquería
today *(tu-Dei)*	hoy
toilet *(toi-let)*	excusado
token *(to-ken)*	ficha de metal
tomato *(ta-mei-to)*	tomate

tomorrow *(tu-mar-o)* . . . . mañana
tonight *(tu-nait)* . . . . esta noche
toothbrush *(tud-brash)* . . . . cepillo de dientes
toothpaste *(tud-peist)* . . . . pasta dentífrica
total *(to-tal)* . . . . total
tourist *(tur-Ist)* . . . . turista
towels *(tau-elz)* . . . . toallas
tower *(tau-er)* . . . . torre
traffic *(treaf-Ik)* . . . . tráfico
traffic signals *(treaf-Ik)(sIg-nolz)* . . . . señales de tráfico
train *(trein)* . . . . tren
train station *(trein)(stei-shen)* . . . . estación de tren
transportation *(treans-por-tei-shen)* . . . . transporte
trash can *(treash)(kean)* . . . . cesto para papeles
travel *(treav-ol)* . . . . viajar
travel agency *(treav-ol)(ei-Jen-si)* . . . . agencia de viajes
travel agent *(treav-ol)(ei-Jent)* . . . . agente de viajes
traveler *(treav-ol-er)* . . . . viajero
traveler's checks *(treav-ol-erz)(cheks)* . . . . cheques viajeros
trip *(trIp)* . . . . viaje
trousers *(trau-serz)* . . . . pantalones
Tuesday *(tuz-Dei)* . . . . martes
tulip *(tu-lIp)* . . . . tulipán
tunnel *(tan-el)* . . . . túnel
turn *(turn)* . . . . de vuelta
twelve *(twelv)* . . . . doce
twenty *(twen-ti)* . . . . veinte
two *(tu)* . . . . dos
typical *(tIp-a-kol)* . . . . típico

U

umbrella *(am-brel-la)* . . . . paraguas
uncle *(an-kol)* . . . . tío
under *(an-Der)* . . . . debajo de
underpants *(an-Der-peants)* . . . . calzoncillos
undershirt *(an-Der-shert)* . . . . camiseta
understand *(an-Der-steanD)* . . . . comprender
union *(yun-yen)* . . . . unión
unit *(yu-nIt)* . . . . unidad
United States *(yu-nai-tID)(steits)* . . . . Estados Unidos
university *(yu-ne-ver-se-ti)* . . . . universidad
upstairs *(ap-sterz)* . . . . arriba
use *(yuz)* . . . . usar
used *(yuzD)* . . . . usado
utensil *(yu-ten-sol)* . . . . utensilio

V

vacancy *(vei-ken-si)* . . . . vacante
vacation *(vei-kei-shen)* . . . . vacaciones
valid *(veal-ID)* . . . . válido
valley *(veal-i)* . . . . valle
value *(veal-yu)* . . . . valor
vanilla *(va-nIl-a)* . . . . vainilla
variety *(va-rai-e-ti)* . . . . variedad
various *(ver-i-as)* . . . . varios
vast *(veast)* . . . . vasto
veal *(vil)* . . . . ternera
vegetables *(veJ-ta-bolz)* . . . . verduras/legumbres
vegetable seller *(veJ-ta-bol)(sel-er)* . . . . verdulería
vehicle *(vi-a-kol)* . . . . vehículo
venison *(ven-e-zen)* . . . . venado
verb *(vurb)* . . . . verbo
version *(ver-zhen)* . . . . versión
very *(ver-i)* . . . . muy
viewpoint *(viu-point)* . . . . punto de vista
vinegar *(vIn-a-ger)* . . . . vinagre
violet *(vai-let)* . . . . violeta

violin *(vai-a-lIn)* . . . . violín
Virgin Islands *(vIr-Jen)(ai-lenDs)* . . . . Islas Vírgenes
Visa *(vi-za)* . . . . visa
visit *(vIz-It)* . . . . visitar
vitamin *(vai-ta-mIn)* . . . . vitamina
vocabulary *(vo-keab-yu-ler-i)* . . . . vocabulario
voice *(vois)* . . . . voz
volume *(val-yum)* . . . . volumen

W

waiter *(uei-ter)* . . . . mesero/camarero
wait for *(ueit)(for)* . . . . esperar
waiting room *(ueit-Ing)(rum)* . . . . sala de espera
waitress *(uei-tres)* . . . . camarera
Wales *(weils)* . . . . País de Gales
wallet *(ual-et)* . . . . billetera
want *(uant)* . . . . querer
was *(uaz)* . . . . fue/era
wash *(uash)* . . . . lavar
water *(ua-ter)* . . . . agua
wax *(uaks)* . . . . cera
we *(ui)* . . . . nosotros
we would like *(ui)(wuD)(laik)* . . . . nosotros quisiéramos
weather *(ued-er)* . . . . clima/tiempo
Wednesday *(uenz-Dei)* . . . . miércoles
week *(uik)* . . . . semana
west *(uest)* . . . . oeste
West Coast *(uest)(kost)* . . . . coste del oeste
what *(uat)* . . . . qué
when *(uen)* . . . . cuándo
where *(uer)* . . . . dónde
white *(uait)* . . . . blanco
who *(ju)* . . . . quién
why *(uai)* . . . . por qué
window *(uIn-Do)* . . . . ventana
window seat *(uIn-Do)(sit)* . . . . . . asiento cerca de la ventana
windy *(uin-Di)* . . . . viento
wine *(uain)* . . . . vino
wine glass *(uain)(gleas)* . . . . vaso para vino
winter *(uin-ter)* . . . . invierno
with *(uid)* . . . . con
woman *(wum-an)* . . . . mujer
women *(wIm-en)* . . . . mujeres
word *(uorD)* . . . . palabra
would like *(wuD)(laik)* . . . . querer
write *(rait)* . . . . escribe/escribir
wrong way *(rang)(uei)* . . . . camino erróneo

Y

yacht *(yat)* . . . . yate
yard *(yarD)* . . . . yarda
year *(yIr)* . . . . año
yellow *(yel-o)* . . . . amarillo
yes *(yes)* . . . . sí
yesterday *(yes-ter-Dei)* . . . . ayer
yield *(yilD)* . . . . ceder el paso
you *(yu)* . . . . usted, tú, vosotros, ustedes
young *(yang)* . . . . joven
your *(yor)* . . . . su/tu
you're welcome *(yor)(uel-kam)* . . . . de nada

Z

zebra *(zi-bra)* . . . . cebra
zero *(zIr-o)* . . . . cero
zip code *(zIp)(koD)* . . . . código postal
zoo *(zu)* . . . . jardín zoológico

Esta guía de bebidas tiene el objeto de explicar la irresistible variedad de bebidas disponibles que usted encontrará durante su estadia en los **Estados Unidos** o **Inglaterra**. Por supuesto no es completa. Algunas cosas no las mencionamos para que usted las experimente, pero esto le ayudará muchísimo.

HOT DRINKS (bebidas calientes)

coffee	café
coffee with milk	café con leche
espresso	café corto
capuccino	café cortado
hot chocolate	chocolate con leche

tea	té
tea with milk	té con leche
tea with lemon	té con limón

COLD DRINKS (bebidas frías)

milk	leche
milk shake	batido
cola	cola
lemonade	limonada
juice	jugo
orange juice	jugo de naranja
tomato juice	jugo de tomate
grapefruit juice	jugo de toronja/ pomelo
water	agua
mineral water	agua mineral
tonic water	agua tónica
club soda	agua gaseosa
cider	sidra

WINES (vinos)

En restaurantes, usted puede obtener **wine** en un vaso o en una garrafa.

red wine	vino tinto
white wine	vino blanco
sparkling wine	vino espumoso
rosé	rosado
sherry	jerez
port	oporto
champagne	champaña
vermouth	vermut
dry wine	vino seco
sweet wine	vino dulce

BEER (cervezas)

Hay muchas clases. **Beer** generalmente es envasada en botellas, o también se puede obtener en barriles.

En los Estados Unidos	En Inglaterra
*Budweiser	*Guinness
*Hamm's	*Fullers
*Coors	*Bass
*Pabst	*Courage
*Miller's	*Whitbread's
*Michelob	*Mackeson Stout

ALCOHOLIC DRINKS (bebidas alcohólicas)

gin	ginebra
vodka	vodka
whisky	whisky
scotch	whisky escocés
bourbon	whisky borbón
rum	ron
cognac	coñac
aperitif	aperitivo
liquer	licor

Menu
carta

Breakfast? Lunch? Dinner?

fried	frito
baked	al horno
steamed	cocido al vapor
grilled	a la parrilla
broiled	a la plancha
breaded	empanado
roasted	asado
rare	medio crudo
medium	en su punto/término medio
well-done	bien cocido

What do I need?

butter	mantequilla
margarine	margarina
jam	mermelada
honey	miel
peanut butter	crema de cacahuete/maní
salt	sal
pepper	pimienta
oil	aceite
vinegar	vinagre
mayonnaise	mayonesa
mustard	mostaza
ketchup	salsa de tomate
cheese	queso
dessert	postre
cake	pastel/torta
pie	pastel/tarta/pay
ice cream	helado
whipped cream	crema batida

Fruit (fruta)

apple	manzana
pear	pera
apricot	albaricoque
peach	durazno/melocotón
banana	plátano
orange	naranja
cherries	cerezas
plum	ciruela
grapefruit	toronja/pomelo
grapes	uvas
lemon	limón
lime	lima/limón
pineapple	piña
melon	melón
watermelon	sandía
strawberries	fresas/frutillas
raspberries	frambuesas
tangerine	mandarina
dates	dátiles
figs	higos

(en-joi) *(yor)* *(mil)*

Enjoy your meal
buen provecho

Salads (ensaladas)

lettuce salad	ensalada de lechuga
mixed salad	ensalada mixta
spinach salad	ensalada de espinacas
potato salad	ensalada de papas
cucumber salad	ensalada de pepinos
chicken salad	ensalada de pollo
fruit salad	ensalada de fruta

Bread and Pasta (pan y pasta)

bread	pan
roll	panecillo
wholewheat bread	pan de trigo
rye bread	pan moreno/de centeno
rice	arroz
noodles	tallarines/fideos
spaghetti	espaguetis/fideos

Vegetables (legumbres/verduras)

peas	guisantes/arvejas
asparagus	espárragos
artichoke	alcachofa
carrots	zanahorias
celery	apio
cabbage	col/repollo
spinach	espinacas
mushrooms	champiñones/hongos
cauliflower	coliflor
corn	maíz
lettuce	lechuga
onions	cebollas
garlic	ajo
radishes	rábanos
cucumber	pepino/cohombro
beets	remolachas
lentils	lentejas

Potatoes (patatas/papas)

boiled potatoes	patatas/papas cocidas
baked potatoes	patatas/papas al horno
mashed potatoes	puré de patatas/papas
French-fried potatoes	patatas/papas fritas

Appetizers (entremeses)

shrimp cocktail	cóctel de camarones
crabmeat cocktail	cóctel de cangrejo
seafood cocktail	cóctel de mariscos
oysters	ostras
clams	almejas
cold cuts	fiambres
stuffed mushrooms	champiñones rellenos
raw vegetables	legumbres/verduras crudas

Soups (sopas)

vegetable soup	sopa de legumbres
onion soup	sopa de cebollas
mushroom soup	sopa de champiñones
bean soup	sopa de porotos/ frijoles
potato soup	sopa de patatas/papas
pea soup	sopa de arvejas
seafood soup	sopa de mariscos
cheese soup	sopa de queso
noodle soup	sopa de fideos
stew	estofado

Eggs (huevos)

hard-boiled eggs	huevos duros
soft-boiled eggs	huevos pasados por agua
fried eggs	huevos fritos
scrambled eggs	huevos revueltos
poached eggs	huevos escalfados
deviled eggs	huevos a la rusa
omelette	tortilla de huevos
souffle	suflé
egg salad	ensalada de huevos

Sandwiches (emparedados)

hamburger	hamburguesa
cheeseburger	hamburguesa con queso
ham-and-cheese sandwich	emparedado de jamón y queso
bacon, lettuce and tomato sandwich	emparedado de tocino, lechuga y tomate
grilled cheese sandwich	emparedado con queso caliente
Reuben sandwich	emparedado de carne de vaca curada en salmuera, queso y chucruta
club sandwich	emparedado de pavo, pollo, jamón, lechuga y tomate

DOBLE AQUÍ

Meat (carne)

Beef (vaca)

steak	bistec
rib steak	entrecote
filet	filete
filet mignon	lomo fino
sirloin	solomillo
tenderloin	tournedos
broiled steak	bistec asado
steak and lobster	bistec y langosta
roast beef	rosbif/asado de carne
prime rib	chuleta de res
hamburger	hamburguesa
meatballs	albóndigas
meatloaf	salpicón

Veal (ternera)

veal steak	bistec de ternera
veal cutlet	escalope de ternera
veal chops	chuletas de ternera
roast veal	ternera asada
stuffed breast of veal	pecho de ternera relleno
veal parmigiano	ternera con queso y tomates
veal scaloppine	ternera con champiñones y queso

Pork (cerdo)

pork chops	chuletas de cerdo
pork loin	lomo de cerdo
stuffed pork loin	lomo relleno
pork tenderloin	filete de cerdo
roast pork	asado de cerdo
spareribs	costillas de cerdo
ham	jamón
bacon	tocino
sausage	salchicha
salami	salchichón/salami
baloney	mortadela

DOBLE AQUÍ

Lamb (cordero)

lamb chops	chuletas de cordero
leg of lamb	pierna de cordero
roast lamb	cordero asado
shish kebab	brochetas de filete

Poultry and Game (aves y caza)

chicken	pollo
duck	pato
turkey	pavo
pheasant	faisán
partridge	perdiz
quail	codorniz
rabbit	conejo
hare	liebre
venison	venado

Seafood (pescado y mariscos)

salmon	salmón
trout	trucha
sole	lenguado
cod	bacalao
flounder	platija
herring	arenque
halibut	halibut/corvina
snapper	pargo
tuna	atún
crab	cangrejo
lobster	langosta
prawns	gambas/langostinos
shrimp	camarones
oysters	ostras
mussels	mejillones
squid	calamares

(ai)

I

(ji)

he

(shi)

she

(ui)

we

(yu)

you

(dei)

they

(or-Der)

order

(bai)

buy

(lern)

learn

(ri-pit)

repeat

(an-Der-steanD)

understand

(spik)

speak

él	yo
nosotros	ella
ellos/ellas	usted
comprar	ordenar
repetir	aprender
hablar	comprender

(go)
go

(kam)
come

(si)
see

(lIv)
live

(ueit) *(for)*
wait for

(stei)
stay

(it)
eat

(DrInk)
drink

(ai) *(wuD)* *(laik)*
I would like . . .

(niD)
need

(mai) *(neim)* *(Iz)*
my name is . . .

(ai) *(jeav)*
I have . . .

venir	ir
vivir	ver
quedarse	esperar
beber	comer
necesitar	yo quisiera ...
yo tengo ...	me llamo ...

(sel)
sell

(senD)
send

(slip)
sleep

(fainD)
find

(sei)
say

(rait)
write

(sho)
show

(pei)
pay

(no)
know

(kean)
can

(riD)
read

(treav-ol)
travel

mandar	vender
encontrar	dormir
escribir	decir
pagar	mostrar
poder	saber
viajar	leer

(jeav) *(tu)* *(mast)* **have to/ must**	*(liv)* **leave**
(meik) **make**	*(cheinJ)* **change**
(flai) **fly**	*(a-raiv)* **arrive**
(Draiv) **drive**	*(peak)* **pack**
(gIv) *(mi)* **give me . . .**	*(tel-e-fon)* *(fon)* **telephone/ phone**
(uash) **wash**	*(least)* **last**

salir	tener que
cambiar	hacer
llegar	volar
empacar	manejar
llamar por teléfono	Dame …
durar	lavar

(jau)   *(ar)*   *(yu)*

How are you?

(guD-bai)

goodbye

(pliz)

please

(eks-kiuz)   *(mi)*

excuse me

(deank)   *(yu)*

thank you

(tu-Dei)

today

(tu-mar-o)

tomorrow

(yes-ter-Dei)

yesterday

(jau)   *(mach)*   *(Daz)*   *(dIs)*   *(kast)*

How much does this cost?

(Du)   *(yu)*   *(jeav)*

Do you have . . .?

(o-pen)   *(klozd)*

open - closed

(bIg)   *(smal)*

big - small

adiós

¿Cómo está usted?

perdóneme

por favor

hoy

gracias

ayer

mañana

¿Tiene usted . . .?

¿Cuánto cuesta esto?

grande - pequeño

abierto - cerrado

(jel-di) *(sIk)*
healthy - sick

(guD) *(beaD)*
good - bad

(jat) *(kolD)*
hot - cold

(short) *(lang)*
short - long

(tal) *(short)*
tall - short

(a-bav) *(bi-lo)*
above - below

(left) *(rait)*
left - right

(slo) *(feast)*
slow - fast

(olD) *(yang)*
old - young

(eks-pen-sIv) *(In-eks-pen-sIv)*
expensive - inexpensive

(rIch) *(por)*
rich - poor

(ei) *(lat)* *(ei)* *(lI-tel)*
a lot - a little

bueno - malo	sano - enfermo
corto - largo	caliente - frío
arriba - abajo	alto - corto
despacio - rápido	izquierda - derecha
caro - barato	viejo - joven
mucho - poco	rico - pobre

Ahora que ha terminado...

¡Lo ha logrado!

Ha completado todos los pasos, usado sus adhesivos, aprendido sus tarjetas, recortado sus guías de comida y bebida y practicado su nuevo idioma. ¿Se da cuenta de cuan lejos ha llegado y de cuánto ha aprendido? Lo que usted ha logrado le hubiera tomado años en un curso de idiomas tradicional.

Ahora usted puede cómodamente

- hacer preguntas,
- entender direcciones,
- hacer reservaciones,
- ordenar comida y
- hacer compras en cualquier lugar.

¡Y lo puede hacer todo en un idioma extranjero! Ahora puede ir a cualquier sitio tranquilamente, desde un restaurante cosmopolita hasta un pueblo pequeño y apartado donde nadie habla español. Sus experiencias serán más divertidas y con menos preocupaciones ahora que usted habla el idioma.

Como puede ver, aprender un idioma extranjero puede ser muy divertido. ¿Por qué limitarse a hablar sólo uno? Ahora usted está listo para aprender otro idioma con la **Serie *10 minutos al día*®**.

Kris Kershul

Kristine Kershul

Para hacer su pedido –

- Visítenos en www.bbks.com, de día o de noche.

- Llámenos al teléfono (800) 488-5068 o (206) 284-3660 entre las 8:00 a.m. y las 5:00 p.m. hora del pacífico, de lunes a viernes.

- Si tiene preguntas sobre cómo hacer su pedido, por favor llámenos. También puede enviarnos un fax al número (206) 284-3660 o escríbanos un correo electrónico a customer.service@bbks.com.